일 잘하는 사람들이
보이지 않는 곳에서
반드시 하는 것

최고의 마케터가 찾아낸 1만 일잘러의 비밀 5가지

일 잘하는
사람들이
보이지 않는
곳에서
반드시 하는 것

아다치 유야 지음 | 김양희 옮김

동양북스

아마존 리뷰

★★★★★

특정 업계에 구애받지 않는 '일 잘하는 법'의 바이블. '더 일찍 읽었다면 더 빨리 승진했을 텐데'라는 생각이 들었다.

★★★★★

일잘러가 되고 싶은가? 이 책을 읽고 부족한 부분을 채워보라. 어느새 회사에서 인정받고 있을 것이다.

★★★★★

주말에 다 읽고 출근하고 싶은 책이다. 새내기 직장인인 나에게 큰 힘이 되었다. 빨리 읽어서 다행이다.

★★★★★

실제 일잘러들과 나눈 대화 덕분에 이해하기 쉬웠고, 공감도 많이 했다. 모든 직장인에게 필요한 책이다.

★★★★★

이 책을 다 읽고 후배에게도 선물해줬다. 나조차 몰랐던 일 잘하는 사람들의 비밀이 이 책에 담겨 있다.

★★★★★

일을 잘하고 싶다면 하루빨리 이 책을 읽어라. 몇 번을 읽어도 좋은 책이다.

★★★★★

매일 업무에 쫓겨 무심코 잊어버리기 쉬운 부분들을 돌아보게 해주었다. 이 책 덕분에 일 잘하는 사람으로 거듭날 수 있었다.

진짜 차이는
'보이지 않는 곳'에서 결정된다

끝없는 야근과 성과주의, 갑질.

제가 컨설팅 회사에서 일할 때 업계의 분위기였습니다. 말 그대로 '악덕 업계'의 대명사였지요. 저는 그곳에서 십 년 넘게 일했습니다.

그토록 힘든 환경에서 어떻게 버텼냐고요? 답은 간단합니다. '일 잘하는 사람들' 덕분에 버틸 수 있었습니다. 그들처럼 되고 싶다는 열망, 그것이 제게 힘을 주었습니다.

저는 1만 명이 넘는 직장인을 만났습니다. 성별도, 성격도, 하는 일도 모두 달랐습니다.

그런데 특히 눈에 띄는 사람들이 있었습니다. 어떤 상황에서도 여유롭게 일을 착착 해내는 사람들이었습니다.

운 좋게도 저는 일을 잘하는 사람들이 '보이지 않는 곳'에서 무엇을 하는지 볼 수 있었습니다. 그 덕분에 저 역시 일잘러_{일을 잘하는 사람을 이르는 말}로 거듭난 셈입니다. 일을 잘하는 사람들은 보이지 않는 곳에서 차이를 만들었기 때문입니다.

일 잘하는 사람이 되는 건
운에 달렸다?

"일을 잘하고 싶다."

신입사원이라면 누구나 갖는 바람입니다. 그러다 6개월, 2년, 3년, 10년이 지나면 '그냥 그날그날 업무나 처리하자'라며 무기력해지곤 합니다. 저도 그럴 때가 있었습니다.

도대체 왜, 그리고 언제부터 '일을 잘하고 싶다'라는 초심이 사라진 걸까요?

일하다 여러 번 벽에 부딪히며 무력감을 느꼈기 때문일까요? 어쩌면 반복되는 상사의 불합리한 지시에 분노를 느끼고

체념했기 때문일지도 모릅니다.

어떤 이유 때문이든 '내가 이 상황을 바꿀 수 없으니까 어쩔 수 없잖아. 큰 실수 없이 넘어가는 게 최선이야'라는 생각이 들면 일을 잘하고 싶다는 의욕도 사라지고 맙니다.

하지만 세상에는 그런 벽을 뛰어넘고 일을 잘하는 사람도 분명 존재합니다. 그들은 어떻게 일잘러로 거듭났을까요?

정답은 아주 쉽습니다. '보이지 않는 곳'에서 무엇을 해야 할지 알려주는 멘토가 곁에 있었던 덕분입니다. 자신이 직접 부딪히며 배운 방법을 후배에게 쉽게 전달해주는 '스승'인 셈입니다. 저 역시 멘토에게 유용한 조언을 많이 얻었습니다.

그런데 여기에는 한 가지 문제가 있습니다.

일하는 방법은 글로 남아 있어도, 일을 '잘하는' 비법은 글로 남아 있지 않다는 것입니다. 그래서 멘토의 능력 내에서만 조언을 얻을 수 있습니다.

그렇다 보니 운 좋게 훌륭한 멘토를 만나면 일 잘하는 사람이 되고, 그렇지 못한 사람은 일 따위는 아무래도 상관없다며 포기하고 맙니다.

심지어 일을 잘하는 건 운에 달렸다고 믿는 사람들도 있습니다. 누구나 일 잘하는 사람이 될 수 있는데, 너무 안타까운 일입니다.

1만 명의 직장인을 만나서 찾은
일 잘하는 사람들의 비밀

그래서 저는 컨설팅 회사를 그만둘 때 한 가지 계획을 세웠습니다. 일을 잘하는 사람들의 진짜 비밀을 블로그에 최대한 쉽게 정리해볼 생각이었습니다. 저의 블로그 '북스&앱스 Books&Apps'는 이렇게 탄생했습니다.

그리고 8년 전, 한 출판사의 연락을 받고 제가 쓴 글을 엮어 출간했습니다. 차곡차곡 쌓인 글을 다듬어서 한 권의 책으로 엮는 과정은 참으로 설렜습니다.

저는 지금도 이 글들에 각별한 애정을 품고 있습니다. 아는 사람만 알던 '일 잘하는 비밀'을 한 권의 책에 담을 수 있어 더없이 기쁩니다.

현재는 일하는 방식과 사회적 인식의 변화로 컨설팅 업계역시 훨씬 일하기 좋아졌다고 합니다. 예전처럼 끝도 없는 야근에 시달리거나 불합리한 갑질에 고통받는 사람이 줄어드는 것은 분명 매우 반가운 일입니다.

하지만 그 이면에는 '짧은 시간에 최대한의 성과를 요구'하는 냉정함이 있습니다. 비단 컨설팅 업계만의 이야기는 아닐 것입니다. 그래서 지금도 저는 일을 잘하고 싶은 모든 직장인에게 건네고 싶은 조언이 참 많습니다. 특히 1만 명이 넘는 직장인을 만나며 알게 된 '일 잘하는 사람들이 보이지 않는 곳에서 반드시 하는 것'을 알려주고 싶습니다.

부디 이 책이 독자 여러분께 도움을 줄 수 있기를 바랍니다.

차례

1장

일 잘하는 사람은
출발선이 다르다
실행력

2장

일 잘하는 사람은
후회할 일을 하지 않는다

결단력

3장

일 잘하는 사람은 쉽게 말한다

의사소통력

4장

일 잘하는 사람은
핵심을 정확히 파악한다

통찰력

5장

일 잘하는 사람은
혼자 빛나지 않는다

리더십

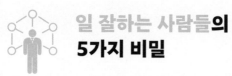

일 잘하는 사람들의
5가지 비밀

비밀 1

실행력

오늘 당장 성과를 낼 수 있는 일은 아쉽게도 많지 않다. 하지만 오늘이 아니면 할 수 없는 일이 있다. 바로, '당장 시작하는 것'이다. 오늘부터 시작하지 않으면 아무 변화도 일어나지 않는다.

비밀 2

결단력

노력을 성과로 연결하려면 필요한 것이 많다. 그중 가장 중요한 것이 결단력이다. 결단력이 없는 사람은 계속 고민하느라 노력한 만큼 성과를 얻을 수 없다.

일 잘하는 사람들이 보이지 않는 곳에서 반드시 하는 것

의사소통력

어떻게 말하느냐에 따라 일의 완성도가 달라진다. 그래서 일을 잘하는 사람들은 말하는 내용만큼이나 말하는 방식도 신경 쓴다. 말할 때에는 단순히 정보를 전달하는 데 그치지 않고, 상대방이 어떻게 행동할지까지 고려해야 한다.

통찰력

아직 문제를 해결하는 데 미숙한가? 걱정하지 마라. 누구에게나 서툰 순간이 있다. 일을 잘하는 사람들조차도. 핵심을 파악하는 힘을 기르면 일을 잘하는 사람이 될 수 있다.

리더십

아무리 뛰어난 일잘러도 혼자서 끝낼 수 있는 일은 많지 않다. 일을 잘하기 위해서는 다른 사람과 협력하고 후배 직원을 이끄는 힘이 중요하다.

※ 여러분은 일잘러인가요? 다음 페이지에서 확인해보세요.

일 잘하는 사람들의 5가지 비밀

다음 항목들은 '일 잘하는 사람들이 보이지 않는 곳에서 하는 것'입니다.
여러분은 그중 몇 가지를 하고 있는지 체크해보세요.

비밀 1 실행력

- [ ] 자신만의 원칙을 세운다.
- [ ] 목표를 막연한 상태로 두지 않고 일단 도전해본다.
- [ ] 아웃풋을 통해 먼저 확실히 성과를 낸다.
- [ ] 목표부터 확실히 정한다.
- [ ] 최고가 되고 싶은 분야를 스스로 결정한다.
- [ ] 자신의 의견을 미리 정리한다.

비밀 2 결단력

- [ ] 일하는 자신만의 이유를 확실히 정의한다.
- [ ] 실패를 통해 시각을 넓힌다.
- [ ] 보이지 않는 기술로 원하는 바를 이룬다.
- [ ] 항상 무언가에 몰입한다.
- [ ] 선을 지키며 자신의 역할에 충실한다.
- [ ] 다른 사람의 기준을 파악한다.
- [ ] 회사의 비전을 판단한다.

비밀 3 의사소통력

- [ ] 다양한 분야의 정보를 접하고, 상대방이 하고 싶은 말을 듣는다.
- [ ] 대화의 기술을 정리한다.

- [ ] 소통의 문제를 방지한다.
- [ ] 상대의 반론을 예측한다.
- [ ] 자기만의 업무 규칙을 세운다.
- [ ] 여유로운 마음을 갖춘다.
- [ ] 다른 사람에게 추천받은 일을 꼭 해본다.
- [ ] 경쟁사의 제품을 분석한다.

비밀 4 통찰력

- [ ] 성공의 방해 요소 5가지를 없앤다.
- [ ] 8가지 역량을 키운다.
- [ ] 자기만의 목표를 세우고 도전한다.
- [ ] 자신이 오를 길을 개척한다.
- [ ] 사장이 되어 간절하게 고민해본다.
- [ ] 일잘러가 되기 위한 지름길을 찾지 않고, 30분씩이라도 꾸준히 연습한다.
- [ ] 자신의 그릇을 키운다.
- [ ] 노력의 결을 바꾼다.

비밀 5 리더십

- [ ] 후배를 위한 해결사가 된다.
- [ ] 일단 시작하고, 잘못될 경우에는 빠르게 수습 방법을 찾는다.
- [ ] 긍정적인 에너지를 쌓는다.
- [ ] 다른 사람을 섣불리 평가하지 않는다.
- [ ] 후배 직원에 대한 믿음을 갖는다.
- [ ] 후배 직원이 문제를 혼자 해결할 수 있도록 돕는다.
- [ ] 일에 대한 철학을 되새기며 마음을 다잡는다.

1장

일 잘하는 사람은
출발선이 다르다

실행력

거창함 대신
꾸준함으로 승부하라

"열심히 공부해서 좋은 학교에 들어가고, 좋은 기업에 취직해야 평생 안정된 삶을 살 수 있다."

아마 이 말을 안 들어본 사람은 없을 것이다. 그래서인지 '지금 새롭게 시작하기에는 너무 늦었어'라며 포기하는 사람도 있다.

그런 사람들을 보면 예전에 방문한 한 회사가 떠오른다. 직원 대부분이 50세 이상인 곳이었다. 사장님은 65세를 넘긴 분이었고, 임원도 모두 60세 이상이었다.

평소 이삼십 대가 많은 기업만 방문했던 나에게는 그 풍경이 낯설었다. 놀란 나는 사장님에게 조심스레 말을 건넸다.

👤 나　　젊은 직원이 없는 회사를 방문하기는 처음이에요.

👤 사장　그럴 겁니다. 이런 곳은 별로 없을 거예요.

👤 나　　왜 젊은 사람이 없나요?

👤 사장　간단해요. 채용하지 않으니까요.

👤 나　　젊은 사람을 채용하지 않는다고요?

👤 사장　네, 우리 회사는 50세 이상인 사람만 뽑아요.

　쉽게 이해할 수 없는 답변이었다. 보통 어느 회사나 젊은 사람을 뽑고 싶어 한다. 나는 사장님에게 50세 이상만 채용하는 이유를 물었다.

👤 사장　저희는 특별한 기준이 하나 있어요.

👤 나　　그 기준이 무엇인가요?

👤 사장　인생을 바꾸고 싶은 사람만 채용해요.

　인생을 바꾸고 싶다니, 실로 거창한 이야기다. 나는 숨은 의도를 알고 싶었다.

👤 나　　50세 이상이면서 인생을 바꾸고 싶은 사람을 뽑으시는 거네요? 특이하군요……

　　　　　일 잘하는 사람들이 보이지 않는 곳에서 반드시 하는 것

사장 그렇지요. 보통 인생은 젊을 때 바꿀 수 있다고들 하잖아요. 하지만 그렇지 않아요. 인생은 언제든 바꿀 수 있어요.

나 좀 더 자세히 설명해주실래요?

사장 저는 직원들에게 항상 말해요. 아주 사소한 것만 알면 인생을 바꿀 수 있다고요.

나 정말요?

언제든 인생을 바꿀 수 있다니. 그 말을 못 믿는 내게 사장님은 인생을 바꾸기 위한 6가지 방법을 흔쾌히 알려줬다. 더불어 이 방법들을 활용하면 일 잘하는 사람이 될 수 있다는 말도 덧붙였다.

1. 사소한 습관을 꾸준히 한다

사장 첫째, 하루를 알차게 만들 작은 습관을 들이세요. 인생을 바꾸는 것은 특별한 사건이 아니라 일상의 사소한 습관입니다. 꾸준히 하는 것, 그 자체에 가치가 있지요. 예를 들어, '아침에 일찍 일어나기'나 '출퇴근 시간에 책 읽기'도 좋습니다.

일도 마찬가지예요. '매일 고객 열 명에게 전화하기' 든 '고객에게 정성껏 메일 쓰기'든 뭐든 좋아요. 작은 습관이 일하는 마음가짐을 바꾸니까요.

👤 나　하지만 크게 달라질 것 같지 않은데요…….

👤 사장　과연 그럴까요? 매일 열 명의 고객에게 전화를 건 직원은 최우수 영업사원이 되었어요. 정성껏 메일을 쓴 직원은 고객의 재구매율 1위를 달성했고요. 습관을 2년간 유지하면 누구나 일 잘하는 사람이 될 수 있답니다.

👤 나　…….

👤 사장　못 믿으시겠나요? 저를 믿고 일단 해보세요. 무언가를 꾸준히 하면 인생이 바뀌고, 일 잘하는 사람도 될 수 있어요.

　일 잘하는 사람들은 능력을 타고났거나, 특별한 노하우를 가지고 있으리라고 생각할지도 모른다. 하지만 그들은 보이지 않는 곳에서 매일 이룰 작은 목표를 세우고 꾸준히 해낼 뿐이었다. 목표도 거창하지 않았다.

　　　　　　　일 잘하는 사람들이 보이지 않는 곳에서 반드시 하는 것

2. 또 다른 습관을 들인다

👤 사장 둘째, 어떤 습관이 몸에 배었다면 다음 습관에 도전하는 겁니다. 아주 사소한 것도 좋으니 새로운 일을 시작하세요.

👤 나 뭐든 상관없나요?

👤 사장 그럼요. '일을 시작하기 전에 5분 정도 바람 쐬기'도 좋고, '출근하기 전에 오늘 할 일 정리하기'도 좋아요. 꼭 다른 사람들 앞에서 보일 필요는 없어요. 일을 잘하는 사람들은 오히려 보이지 않는 곳에서 하는 습관을 들이지요.

👤 나 그렇군요.

👤 사장 여기까지 보통 5년이 걸립니다. 하지만 모두 몰라보게 달라져요.

5년이나 걸린다니, 솔직히 너무 오래 걸린다고 생각했다. 그 사이에 실패해서 포기하게 되지 않을까 하는 걱정도 들었다. 그래서 사장님에게 물었다.

3. 실패하면 다른 습관을 들인다

🧑 **나**   하지만 작심삼일이라는 말도 있잖아요. 습관을 들이지 못하는 사람도 있지 않나요?

👤 **사장**   맞아요. 만약 습관 들이기에 실패하면 다음 습관을 들이세요. 꾸준히 할 수 없는 일은 무리해서 할 필요 없어요.

인생을 바꾸고 싶은 사람들은 시간을 허투루 쓰는 법이 없어요. 일 잘하는 사람도 마찬가지이지요. 습관 들이기에 실패한 행동을 계속하느라 시간을 허비하지 마세요. 다른 습관을 들이기 위해 움직이세요. 이게 중요해요.

아까 말한 매일 열 명의 고객에게 전화를 건 직원은 이전에 두 번이나 실패했어요. 그러나 실패했다고 자책할 필요는 전혀 없어요. 무엇을 할 수 없는지 아는 것이 중요합니다.

사장님의 말에 절로 고개가 끄덕여졌다. 억지로 해야만 계속할 수 있는 일은 내 것으로 만들기 어렵다. 당연히 자신의 강점도 아니며, 도리어 시간만 낭비하는 꼴이다.

4. 남 탓을 하지 않는다

🧑 사장   네 번째, 절대로 남 탓을 하면 안 됩니다. 남 탓은 자기 인생을 스스로 결정하지 않았다는 뜻이에요.

🧑 나   싫어하는 상사 때문이라도요?

🧑 사장   하하하, 그래요. 상사의 탓이든 자기 탓이든 결과는 바뀌지 않잖아요. 결국 남을 탓하는 만큼 시간 낭비겠지요?

🧑 나   …….

시간은 금이다. 아무리 세상이 바뀌어도 변치 않는 진리다. 그래서 일을 잘하는 사람들은 회사 안에서건 밖에서건 의미 없는 데 시간을 쓰지 않는다.

5. 항상 친절하게 행동한다

🧑 사장   다섯 번째, 다른 사람이 보지 않을 때도 친절하게 행동해야 합니다.

🧑 나   그건 당연하지 않나요?

🧑 사장   당연하지만, 생각보다 어려워요. 매우 중요한 일인

데도요. 모든 변화는 사람들에게 친절을 베푸는 데서 시작되지요. 아다치 씨는 지하철에서 어르신에게 자리를 양보하나요?

선뜻 대답이 나오지 않았다. 불친절하게 행동한 적은 없었지만, 친절을 베푼 기억도 떠오르지 않았다.

6. 이미 인생이 바뀌기 시작했다고 믿는다

사장   마지막입니다. '인생을 바꾸겠다고 생각한 순간부터 이미 인생이 바뀌기 시작했다'고 믿어야 해요.

나   무슨 뜻이에요?

사장   50세에 인생을 바꾸고 싶다고 결심하는 게 말처럼 쉬운 일일까요?

나   음……. 비장한 각오가 필요할 것 같아요.

사장   맞아요. 간절한 마음을 지닌 분들이지요. 이미 인생이 바뀌기 시작했다고 믿는다면 무엇이든 할 수 있어요. 그래서 저는 그런 분들만 채용해요.

중년이 되면 인생을 바꾸기 어렵다며 풀죽은 목소리로 이야기하는 걸 종종 듣는다. 그럴 때마다 나는 사장님의 이야기를 떠올린다.

일 잘하는 사람이 되는 것도, 인생을 바꾸는 것도 누구나 언제든 할 수 있다. 일을 잘하겠다고 생각한 지금 이 순간부터 이미 일을 잘하기 시작했다고 믿어보라. 자신감이 생기고 일을 대하는 마음가짐도 달라질 것이다.

 일 잘하는 사람들은 보이지 않는 곳에서 자신만의 원칙을 세워 실천한다.
1. 사소한 습관을 꾸준히 한다.
2. 또 다른 습관을 들인다.
3. 실패하면 다른 습관을 들인다.
4. 남 탓을 하지 않는다.
5. 항상 친절하게 행동한다.
6. 이미 인생이 바뀌기 시작했다고 믿는다.

지금 당장 시작해야
하는 이유

지인 중에 사업가가 있다. 그는 누군가가 "앞으로 ○○을 해보고 싶어요"라고 말하면, 곧바로 "그래서 지금 어떤 준비를 하고 있나?"라고 물었다.

　여기까지만 들으면 꽤 거부감이 드는 사람이다. 하지만 그는 진심으로 상대방을 위해서 묻는 것이었다. 그는 '해보고 싶다'와 '해봤다'의 차이를 정확히 알고 있었다. 하루는 이 주제로 대화를 나눴다.

　　👤 **사업가** 　'해보고 싶다'와 '해봤다'는 전혀 다른 차원이야. 진정성 같은 추상적인 차이가 아니지.

　　👤 **나** 　어떤 차이가 있는데?

　　　　　　　　일 잘하는 사람들이 보이지 않는 곳에서 반드시 하는 것

사업가　간단해. '해봤다'는 과학, '해보고 싶다'는 미신이지.

나　그게 무슨 뜻이야?

사업가　직접 해보면 데이터를 얻을 수 있어. 이를 토대로 더 좋은 방법을 찾을 수 있지. 실험할 수 있고, 제대로 검증할 수 있고, 재현할 수 있다면 과학이잖아. 하지만……

나　하지만?

사업가　해본 적이 없는 사람은 단순한 믿음이나 추측으로만 움직이지. 요컨대 미신을 믿는 거나 다름없어. 쉽게 예를 들어볼까? 사업을 시작하고 싶다며 내게 조언을 구하는 사람이 많아. 사업하고 싶으면 어떻게 해야 할까? 시장을 분석하고, 실제로 고객을 찾아다니며 상품을 보여줘야 데이터를 얻을 수 있잖아.

나　하지만 마음먹은 대로 곧장 시작하기 두려운 사람도 있지 않을까?

사업가　미신 역시 처음에는 다들 두려워했어. 에드워드 제너Edward Jenner라는 의사 얘기 들어본 적 있어?

나　천연두 백신을 발명한 사람?

사업가　맞아. 제너는 과학적으로 검증해서 백신을 만들었어. 하지만 미신을 믿는 사람들은 '백신을 맞으면 소가 된다'라면서 두려워했지. 정확한 근거도 없이!

👤 나　　그렇군.

👤 사업가　또한 옛날에 사람들은 무거운 물체가 가벼운 것보
다 더 빨리 떨어진다고 믿었어. 그러나 갈릴레오 갈
릴레이Galileo Galilei가 낙하 실험을 통해 그렇지 않음
을 밝혀냈지.

👤 나　　맞아. 그랬지.

👤 사업가　이렇듯 직접 해보기 전까지는 무슨 일이 벌어질지
정확하게 이해하기 어려워. 그래서 실험과 데이터
가 중요하지. 믿음이나 억측이 아니라.

👤 나　　…….

👤 사업가　그래서 난 항상 후배 직원한테 말해. 겁먹지 말고 어
서 가설을 증명할 데이터를 모으라고 말이야.

누구나 꿈을 가질 수 있다. 그러나 말만 하고, 아무런 시도
도 하지 않는다면 그저 공허한 다짐에 불과하다. 실패를 두
려워하지 않고 작은 걸음이라도 내딛는 것이 중요하다. 일할
때도 마찬가지다.

사업가가 나누었던 대화를 보면 '해보고 싶다'와 '해봤다'
의 차이를 확실히 깨달을 수 있을 것이다.

미신 같은 '해보고 싶다' – 직장인 A 씨

A 씨 나중에 창업하고 싶습니다.

사업가 그래서 지금 무엇을 하고 있나?

A 씨 지금은 창업을 위해 공부하고 있습니다.

사업가 지금 당장 회사를 그만두고 창업하는 것이 더 유용한 공부가 될 걸세.

A 씨 하지만 성공하지 않으면 의미가 없잖아요. 저는 아직 인맥도, 지식도 없는걸요. 완벽히 준비하기 전에는 창업할 수 없습니다.

과학적인 '해봤다' – 직장인 B 씨

B 씨 나중에 창업하려고 합니다.

사업가 그래서 지금 뭘 하고 있나?

B 씨 이미 8,000만 원을 모았습니다. 내년에 창업하기 위해 지금은 고객이 될 만한 사람들을 찾아다니고 있어요.

사업가 그렇군. 조언이 필요하면 언제든 연락하게.

미신 같은 '해보고 싶다' – 학생 C 씨

🧑 C 씨　영어로 유창하게 대화하고 싶어요.

🧑 사업가　그래서 지금 뭘 하고 있지?

🧑 C 씨　영어 회화 학원에 다니려고 해요.

🧑 사업가　아직 학원 등록도 안 한 건가?

🧑 C 씨　지금은 과제로 바빠서……. 어떻게 하면 효율적으로 공부할 수 있을지 고민 중입니다.

과학적인 '해봤다' – 학생 D 씨

🧑 D 씨　영어를 잘하고 싶어요.

🧑 사업가　그래서 지금 무엇을 하고 있나?

🧑 D 씨　2년 후에 유학 시험을 볼 예정이에요. 그래서 유학 전문 학원에 다니며, 합격자들에게 공부법을 물어보고 있어요. 다행히 친절하게 알려주는 분이 계셔서 그분의 공부법을 따라 하는 중이에요.

🧑 사업가　그렇게 하면 합격할걸세.

일을 잘하는 사람들은 핑계를 대지 않는다. 그리고 막연하게 '일을 더 잘하고 싶다'라며 꿈만 꾸지 않는다. 목표를 이루기 위해 작은 것이라도 한다. '해봤다'와 '해보고 싶다'의 차이를 알기 때문이다.

일단 해보라. 그 시간들이 모이면 어제보다 나은 성과를 낼 수 있을 것이다.

 일을 잘하는 사람들은 목표를 그저 막연한 상태로 두지 않는다. 보이지 않는 곳에서 미션을 시도한 뒤 목표를 말한다.

능력을 키우는 건
인풋이 아니다

누구나 일을 잘하고 싶어 한다. 그것도 아주 빨리.

하지만 어떻게 하면 일을 빨리 잘할 수 있는지에 대해서는 의견이 분분하다. 특히 '인풋'과 '아웃풋' 중 무엇이 먼저인지에 대한 의견이 많이 나뉜다.

학창 시절을 떠올려보자. 공부할 때 인풋과 아웃풋 중에 어느 쪽이 먼저였는가?

영어 공부법: 인풋이 먼저

우선 단어, 문법, 말하기 등을 공부해 어느 정도 기반을 다진 다음에 원어민과 대화를 나눈다.

일 잘하는 사람들이 보이지 않는 곳에서 반드시 하는 것

영어 공부법: 아웃풋이 먼저

손짓, 발짓을 해서라도 일단 원어민과 이야기해본다. 그런 다음에 '이렇게 말할 걸 그랬나?', '단어를 더 많이 찾아봐야지'라며 부족했던 부분을 교과서로 공부한다.

수학 공부법: 인풋이 먼저

완벽하게 공부한 다음에 문제집을 푼다.

수학 공부법: 아웃풋이 먼저

문제집을 바로 푼다. 막히는 문제가 있어도 일단 끝까지 풀어본다. 그다음에 몰랐던 부분을 공부한다.

아마도 대부분 인풋을 먼저 채웠을 것이다. 학교 공부는 일반적으로 인풋을 우선시한다. 다시 말해, 문제집을 먼저 풀고 그 후에 모르는 부분만 공부하는 것이 아니라, 교과서를 제대로 공부하고 나서 문제집을 푼다. 그러면 이론을 차근차근 익힐 수 있어서 좋다.

하지만 이 방법에는 단점도 많다. 대표적으로 "배우지 않아서 못 해"라고 말하는 상황을 들 수 있다. 또는 선행 학습을 하는 아이의 의욕을 꺾을 수도 있다. 가령 "초등학교 시험 문제에서 방정식을 써서 풀면 안 돼", "배우지 않은 한자는 쓰면 안 돼"라는 등 '배우지 않은 건 쓰지 마'라는 식의 불합리한 제약이 생기기도 한다.

사실 처음부터 제대로 배울 수 있는 일은 거의 없다. 특히 직장에서는 예습할 수 없는 일이 태반이다. 가령, SNS나 뉴스레터처럼 자사 미디어를 만드는 일을 맡았다고 해보자.

자사 미디어 만들기: 인풋이 먼저

각종 미디어를 연구하고 분석한다. 그렇게 얻은 지식을 활용해 미디어를 만든다.

자사 미디어 만들기: 아웃풋이 먼저

일단 자사 미디어를 만들어본다. 기사와 매체만 있으면 미디어의 형태는 갖춰진다. 우선 만들어보고 독자의 반응을 살피면서 수정한다.

우리는 학교에서 공부하던 방식이 익숙해서 인풋을 먼저 선택하는 경향이 있다. 업무 방식은 다양하니 여기서 옳고 그름을 논하지는 않겠다. 하지만 내가 만난 일잘러들은 대체로 아웃풋을 먼저 선택했다. 그들의 이야기를 들어보자.

H 씨, 소프트 개발회사의 임원

새로 온 후배 매니저에게 한 달 뒤에 '프로젝트 관리 매뉴얼'을 줄 예정이다.

그 이유를 묻자 "처음에 줘도 제대로 읽지 않아요. 그런데 일단 일을 하다 고민이 생겼을 즈음에 매뉴얼을 건네면 자세히 읽더라고요"라고 대답했다. 그리고 "물론 좌충우돌하는 그 시기에는 혼내지 않습니다. 저는 일단 직접 해봐야 한다고 생각하거든요"라며 덧붙였다.

N 씨, 영업회사의 최고 영업사원

"새로운 제안 방식 등 색다른 시도를 하고 싶을 때에는 우선 직접 해봐요. 그리고 결과가 좋지 않을 때에만 자료를 참고해요"라며 영업 비결을 밝혔다.

Y 씨, 프리랜서 게임 개발자

"프로그래밍 실력을 키우기 위해서 무얼 하시나요?"라는 질문에 "먼저 어떤 소프트웨어든 만들어봅니다"라고 대답했다. 그는 "책을 사서 공부하거나 학원에 다니는 것도 좋지만, 직접 결과물을 만들어봐야 실력이 확 늘어요"라고 확신에 차서 말했다.

E 씨, 대기업의 경영기획부

일 년 만에 토익 점수를 400점대에서 800점대까지 끌어올렸다. 그 비결을 물으니 "계속 토익 시험을 봤어요. 처음에는 문제 유형이나 시험 분위기 등을 먼저 파악했고, 그다음부터는 시간 배분에 집중했어요. 단어나 문법은 나중에 외우기 어려운 것만 공부했어요"라고 답했다.

일을 잘하려면 주어진 시간 안에 성과를 내야 한다. 그런데 인풋을 우선시하면 일을 빨리 끝내기 어렵다. 그래서 일을 잘하는 사람들은 보이지 않는 곳에서 아웃풋에 집중한다.

일을 잘하고 싶다면 일단 뛰어들어라. 좌충우돌 돌아가는 길 같아 보이지만, 성과를 내는 가장 빠른 길이다.

TIP 일을 잘하는 사람들은 정해진 대로만 일하지 않는다. 인풋이 아니라 아웃풋을 통해 먼저 확실히 성과를 낸다. 그러니 무엇이든 일단 겁 없이 뛰어들어라.

목표를 정하지 않으면
무엇도 이룰 수 없다

일을 잘하고 싶은가?

어떤 성과를 낼지 목표를 세웠는가? 혹시 실패할까 봐 아무런 목표도 세우지 못하고 있는가?

그런 사람에게 한 경영자와 나눈 대화를 들려주고 싶다. 나는 그 대화를 통해 일 잘하는 사람들이 보이지 않는 곳에서 하는 가장 중요한 것이 무엇인지 깨달았다.

👤 경영자 자네는 이루고 싶은 일이 있나?

👤 나 네, 있습니다.

👤 경영자 그렇다면 인생은 짧다는 사실을 꼭 기억해야 해. 인생은 생각보다 그리 길지 않아. 자네는 '할 수 있을

만한 일'을 목표로 삼고 싶나? 아니면 '정말 하고 싶은 일'을 목표로 삼고 싶나? 만약에 후자라면…….

나 후자라면요?

경영자 꿈을 이룰 때까지 아주 긴 시간이 걸리지.

나 그럴지도 모르지요.

경영자 정말 하고 싶은 일을 이루려면 인생의 많은 부분을 할애해야 하네.

고개를 끄덕이자 경영자는 몸을 앞으로 기울이며 계속 말을 이어갔다.

경영자 비밀 하나 알려줄까? 목표를 이루려면 누구나 여러 가능성을 포기해야만 해.

나 무슨 말씀인가요?

경영자 잘 들게. 목표 설정은 곧 가능성을 좁히는 일이야. 타이거 우즈는 세 살 때 골프 이외의 가능성을 지웠어. 그래서 세계 최고의 골프선수가 될 수 있었지. 자네도 성인이니 '네겐 무한한 가능성이 있어'라는 말을 믿어선 안 돼. 물론 선택지는 무한하지만, 어느 하나를 택하지 않으면 아무것도 이룰 수 없다네.

나　하지만 목표를 정하는 건 그리 간단하지 않아요.

경영자　자네는 용기가 없군. 목표를 세우는 게 두려운가?

나　네…….

경영자　누구나 마찬가지일세. 목표를 세우는 것은 아주 두려운 일이지. '실패하면 어쩌지, 목표가 틀렸으면 어쩌지'라며 두려워해. 그래서 목표를 세울 땐 이런저런 두려움에 맞설 용기가 필요하다네. 물론, 최고가 되겠다는 욕심이 없다면 목표를 정하는 데 용기를 내지 않아도 괜찮아. 하지만 최고가 되고자 한다면 반드시 용기가 필요하지.

나　용기는 만화에나 나오는 것이라고 생각했어요.

경영자　만화에서처럼 용기가 필요한 상황을 알기 쉽지는 않아. 당연히 목표를 정하지 않으면 편하겠지. 하지만 사실 '목표 없는 삶'을 사는 게 훨씬 두려운 법이라네.

일할 때도 마찬가지야. 일을 잘하는 사람이 되려면 반드시 목표를 세워야 하지. 목표 없이 근무 시간만 채우며 일하는 사람과 구체적인 목표를 가지고 일하는 사람, 둘 중 누가 더 일을 잘할 것 같은가?

운전할 때 목적지만 명확히 정해져 있다면 길을 찾기 쉽다. 예전처럼 지도책을 찾아야 하는 번거로움도 없다. 요즘 네비게이션은 실시간 교통 상황을 반영해 길을 안내한다. 그래서 목적지로 가는 도중 사고가 나더라도 금방 다른 길을 찾아준다.

일 잘하는 사람도 마찬가지다. 우선 목표를 정한다. 그리고 목표까지 갈 여러 길을 찾는다. 그중 가장 **빠른** 길로 가다가 사고가 생기면 다른 길로 간다. 그러면 조금 늦어지더라도 반드시 목표에 닿을 수 있다.

혹여나 실패할까 봐 두려워하지 마라. 목표는 보이지 않는 곳에서 혼자 정해도 괜찮다.

일을 잘하는 사람들은 보이지 않는 곳에서 목표부터 정한다. 그러면 해야 할 일이 뚜렷해진다.

일류가 되고 싶은
분야를 정하라

대학을 졸업하자마자 입사해서 7년 동안 기술직으로만 근무한 직원이 있다. 그는 업무에 매우 만족하며 일하는 중이었다. 그런데 예상치 못한 일이 일어났다. 갑자기 영업직으로 발령받아 다음 달부터 부서를 옮기게 된 것이다.

기술자는 깊은 고민에 빠졌다. 기술자에게 영업은 미지의 세계이고 업무를 익히는 데 시간이 걸린다. 하지만 한편으로는 고객의 관점에서 자사의 서비스를 평가할 수 있는 좋은 기회다.

만약 당신이 이 상황에 놓인다면 어떻게 하겠는가? 아마도 3가지 선택지를 놓고 고민할 것이다.

- 회사에서 시키는 대로 열심히 영업을 해야 할까?
- 불만을 숨기지 말고 이직을 준비해야 할까?
- 회사에 다니며 적당한 시기를 기다려야 할까?

이때 중요하게 고려해야 할 조건이 있다. 어떤 일이든 잘 하려면 시간이 필요하다. 특히 일류가 되려면 매우 많은 시간이 걸린다.

만약 당신이 지금 20대 중반의 기술자라고 가정해보자. 앞으로 영업직에서 새로운 경력을 쌓는다면 적어도 30대 후반은 되어야 영업의 신이 될 수 있다. 하지만 그 무렵에는 이직하고 싶어도 20대 때보다 선택의 폭이 좁을 것이다. 그 점을 고려하면 섣불리 "영업을 하겠습니다"라고 할 수 없다. 인생의 소중한 시간을 허비할 수 없는 노릇이다.

일하다 보면 지루한 일, 하기 싫은 일도 피할 수 없다. 하지만 그냥 무작정 따를 필요도 없다. 만약 '영업직에서 텔레마케터로 1년 정도는 일할 수 있지만, 5년씩이나 할 수는 없지'라고 생각한다면 1년이 지났을 때 바로 그만두는 것이 좋다. 또는 회사에 부서 이동을 요청해야 한다.

스티브 잡스는 이렇게 말했다.

"오늘이 인생의 마지막 날이라고 가정해보라. 그리고 '오늘 하려는 일이 정말 내가 하고 싶은 일인가?'라고 물어보라. 만약 이 질문에 'No'라고 대답하는 날이 계속된다면 슬슬 무언가를 바꿔야 한다."

정말 일을 잘하고 싶은가? 그렇다면 답은 간단하다. 하고 싶은 일, 진심으로 몰두할 수 있는 일을 해라.

어떤 일이든 즐겁지 않으면 꾸준히 할 수 없다. 억지로 일하면서 좋은 성과를 내기 위해 치열하게 고민하는 사람은 없을 것이다. 다시 말해, '하라는 대로만 하지, 뭐'라는 안일한 태도로는 절대 일잘러가 될 수 없다.

만약 하고 싶은 일을 아직 찾지 못했다면 우선 지금 하는 일에서 최고가 될지 결정해라. 결정을 빠르게 내릴수록 더 빨리 일 잘하는 사람이 될 수 있다.

일을 잘하는 사람들은 회사에서 시키는 대로만 따르지 않는다. 최고가 되고 싶은 분야를 스스로 결정한다.

좋은 아이디어
있는 사람?

"일을 잘하는 사람이 되고 싶어요! 어떻게 해야 할까요?
역시 논리적 사고력을 길러야 할까요?"
"영어를 할 줄 알아야겠지요?"
"자격증을 따야 할까요?"

내게 상담을 요청하는 후배들이 자주 하는 질문이다.
물론 모두 틀린 말은 아니다. 하지만 그보다 더 중요한 것
이 있다. 일을 잘하는 사람들은 가장 먼저 의견을 낸다.
나는 어느 회의에 참석했다가 이 사실을 깨달았다. 회의
의 주제는 '고객 유치'였다. 새로운 서비스를 시작했지만, 아
직 별 반응이 없어서 대책을 논의하는 자리였다. 젊은 직원

부터 베테랑 직원, 부문장까지 각 부서의 주요 직원 15명 정도가 한자리에 모였다.

회의는 먼저 현황 보고부터 시작되었다. 매출 현황, 고객 수, 견적 문의 추이, 광고지의 구체적인 사례부터 수익 예측까지 다양한 자료가 쏟아졌다. 대략 한 시간 정도 지났을까, 한 차례 보고가 끝나자 부문장이 입을 열었다.

👤 부문장　좋은 아이디어가 있는 사람은 말해보게.

회의실에 무거운 침묵만 흘렀다. 그렇게 5분 정도 지났을 때였다. 20대 후반으로 보이는 젊은 직원이 슬그머니 손을 들었다.

👤 젊은직원　제 의견을 말해도 될까요?

부문장이 고개를 끄덕이자, 젊은 직원은 말을 꺼냈다.

👤 젊은직원　감사합니다. 그럼, 제 의견을 말씀드리겠습니다. 현재 이 서비스의 반응이 약한 이유는 캐치프레이즈 때문이라고 생각합니다. 이 서비스의 타깃은

직원 300명 이상의 기업입니다. 하지만 지금의 캐치프레이즈는 직원 100명 정도의 기업을 타깃으로 한다는 인상을 주어서 현재 판매량이 부진하다고 생각합니다.

👤 부문장　　그렇군.

👤 젊은 직원　그래서 제가 제안하는 캐치프레이즈는 이렇습니다.

젊은 직원은 자신이 생각한 캐치프레이즈를 발표했다. 하지만 사람들은 쓴웃음만 지었다. 그도 그럴 것이, 젊은 직원이 발표한 캐치프레이즈는 매우 유치했고, 아무리 좋게 보려고 해도 홍보에 쓸 만한 수준이 아니었다. 곧바로 회의실에서는 비판의 목소리가 나왔다.

👤 참석자 A　문제는 캐치프레이즈가 아니라 가격이에요.

👤 참석자 B　캐치프레이즈가 문제여도, 이 문구는 좀…….

👤 참석자 C　왜 이 문구가 직원 300명 이상의 기업을 타깃으로 한다는 건지 이유를 모르겠군.

비판이 이어지자 젊은 직원은 주눅 들어 보였다. 하지만 부문장은 이렇게 말했다.

일 잘하는 사람들이 보이지 않는 곳에서 반드시 하는 것

👤 **부문장** 아주 좋은 의견이군. 난 미처 생각하지 못했네. 검토 사항으로 추가하지.

그 후, 캐치프레이즈뿐만 아니라 가격 책정, 타깃의 재설정, 영업 방식까지 다양한 의견들이 오갔고 새로운 방안을 정리하며 회의는 마무리되었다. 회의가 끝나고 나는 부문장에게 물었다.

👤 **나** 왜 아까 그 캐치프레이즈를 '좋은 의견'이라고 말씀하셨나요? 문외한인 제가 보기에도 수준이 높아 보이진 않던데요.

👤 **부문장** 일을 잘하는 사람이 어떤 사람이라고 생각합니까?

👤 **나** 글쎄요. 높은 직급에 있는 사람인가요?

👤 **부문장** 직급이 높아도 그만큼 능력을 발휘하지 못한다면 소용없어요. 일을 잘하는 사람은 '먼저 의견을 내는 사람'입니다. 비판은 누구나 할 수 있어요. 하지만 가장 먼저 의견을 내려면 다른 사람에게 무시당하지 않도록 열심히 공부해야 하고, 용기도 내야 하지요. 그러니 일할 때 가장 먼저 의견을 내는 사람은 일을 잘할 수밖에 없어요.

그날 이후 나는 수많은 일잘러들을 만나며 '먼저 의견을 내는 것'이 얼마나 중요한지 직접 확인할 수 있었다. 그래서 지금은 "일을 잘하려면 어떻게 해야 하나요?"라는 질문을 받으면 망설임 없이 말한다. "가장 먼저 의견을 내도록 노력하세요"라고.

 일을 잘하는 사람들은 회의 전에 자신의 의견을 미리 간결하게 정리한다. 그리고 일할 때는 항상 가장 먼저 의견을 낸다.

일 잘하는 사람들이 보이지 않는 곳에서 반드시 하는 것

일 잘하는 사람들이 보이지 않는 곳에서 반드시 하는 것

2장

일 잘하는 사람은
후회할 일을
하지 않는다

결단력

일하는 명확한
이유가 있는가?

어느 날 한 통의 메일을 받았다. 인턴을 막 끝낸 학생이 보낸 것이었다. 그는 회사의 경영자에게 감사 인사를 했는데, 메일 끝에는 질문 하나가 적혀 있었다.

"왜 일해야 하나요?"

나는 경영자에게 메일을 전달한 뒤, 어떻게 답장할지 의견을 기다렸다. 한편으론 '경영자 역시 답하기 어렵지 않을까?'라는 걱정도 했다.

그런데 메일을 읽은 경영자는 "직접 답하고 싶네"라며 눈을 반짝였다. 경영자는 학생의 질문이 꽤 재밌는 눈치였다.

○○ 님, 안녕하세요.

"왜 일해야 하나요?"라는 질문을 받고 매우 놀랐습니다. 저는 당연히 일해야 한다고 생각했거든요.

그런데 메일을 받고 저 역시 일에 대해 깊이 고민해봤습니다.

저도 한때 일은 매우 힘들고 괴로운 활동이라고 생각했습니다. 사실 지금도 그 생각은 별로 달라지지 않았습니다. 일은 여전히 힘듭니다. 쉬운 일은 하나도 없지요.

그렇지만 일하면 많은 것을 얻을 수 있습니다. 적어도 6가지는 확실합니다.

첫째, 일하면 돈을 벌 수 있습니다.
둘째, 일하면 명확한 목표가 생깁니다.
셋째, 일하면 만남이 생깁니다.
넷째, 일하면 배울 수 있습니다.
다섯째, 일하면 신용이 생깁니다.
여섯째, 일하면 자신감이 생깁니다.

물론 저의 개인적인 생각이라 동의할지 모르겠습니다. 그래도 각각의 항목을 간략하게 설명하겠습니다. 부디 유용한 답이 되기를 바랍니다.

일 잘하는 사람들이 보이지 않는 곳에서 반드시 하는 것

1. 일하면 돈을 벌 수 있다

세상에는 돈 따위 필요 없다고 하는 사람도 있습니다. 하지만 돈이 있다고 곤란해질까요? 아닙니다. 오히려 돈이 없을 때 곤란한 상황이 많이 생깁니다. 맛있는 음식을 먹고, 안전한 공간에서 생활하려면 돈이 필요합니다. 그래서 일해야 하지요.

가끔 돈을 위해서만 일하는 사람을 봅니다. 하지만 그러면 일하는 시간이 힘들고 고통스럽게 느껴질 것입니다. 사람은 누구나 인생의 대부분을 일하면서 보내는데 그 시간이 힘들면 안 되겠지요. 그러니 즐겁게 일할 방법을 찾아야 합니다.

2. 일하면 명확한 목표가 생긴다

"무엇을 위해 사나요?"라고 물으면 저는 답할 수 없습니다.

하지만 올해 무엇을 위해 일할지, 즉 일의 목표는 확실히 답할 수 있습니다. 더 나아가 목표를 이루기 위한 계획도 말할 수 있지요. 하루하루를 무의미하게 보내는 게 가치 있을까요? 명확한 목표를 위해 노력하는 편이 가치 있을까요?

3. 일하면 만남이 생긴다

사람은 생각보다 외로움에 약합니다.

외로움은 사람으로 채우는 법. 일하면 다양한 만남이 생깁니다. 같은 직장 동료뿐만 아니라 고객, 협력사, 거래처 등 다양한 사람들을 만날 수 있습니다.

물론, 그 모든 만남이 의미 있을지는 모릅니다. 하지만 '평생에 단 한 번뿐인 만남一期一會'이라는 말처럼, 한 번의 소중한 만남이 인생을 바꿀 수도 있습니다.

4. 일하면 배울 수 있다

일하면 뭐가 됐든 배울 수 있습니다.

처음에는 모르는 일투성이라 배울 수밖에 없지요. 게다가 뒤처지지 않도록 계속 공부해야 합니다. 학생 때 공부를 못했다고요? 걱정하지 마십시오. 학교 공부와 일은 다릅니다.

학교 공부는 주어진 문제를 짧은 시간 안에 푸는 것이 목적입니다. 그러나 회사에서는 문제 만들기부터 시작해서 답을 찾고 해결하기까지 모든 과정을 배웁니다. 나를 성장시킬 매우 창의적인 활동이지요.

일 잘하는 사람들이 보이지 않는 곳에서 반드시 하는 것

5. 일하면 신용을 얻는다

신용은 돈으로 살 수 없습니다. 하지만 일하면 신용을 얻을 수 있지요.

가령, 당신 눈앞에 돈 많은 사람이 있다고 해서 그 사람을 믿을 수 있을까요? 그럴 수 없겠지요. 신뢰는 여러 행동이 쌓여야 형성되기 때문입니다. 그래서 일을 잘하는 사람들은 어떤 상황에도 끝까지 책임을 다하며 사람들에게 신뢰를 얻습니다. 성실하게 일하는 것이야말로 신뢰를 쌓는 첫걸음입니다.

6. 일하면 자신감이 생긴다

자신감은 언제나 중요합니다.

이렇게 말하면 "과유불급! 지나친 자신감은 오히려 독이다"라며 부정적으로 이야기하는 사람도 있습니다.

하지만 '진정한 자신감'은 누구에게나 중요합니다. 진정한 자신감은 자신의 성과로 얻을 수 있으며, 허세나 교만과는 다른 개념입니다. 허세나 교만은 '남에게 인정받고 싶다'는 마음에서 나오는 것이기 때문입니다.

진정한 자신감은 남을 필요로 하지 않고, '자기 힘으로 무언가를 이룬 사람'에게만 주어집니다. 일 잘하는 사람이 어디서든 멋있게 보이는 이유도 이 때문입니다.

일은 무언가를 성취하는 과정입니다. 열심히 일하면 자신감을 얻을 수 있습니다. 일을 잘하면 두말할 필요 없지요.

일을 잘하는 사람들은 일해야 하는 여러 이유를 알고 있다. 돈이든 명예든, 오로지 한 가지 이유 때문에 일하면 힘든 순간에 쉽게 의욕을 잃을 수 있기 때문이다. 일해야 하는 이유는 무엇인가? 아직 생각해본 적 없다면 지금 자신만의 이유를 찾기를 바란다.

 일 잘하는 사람들은 보이지 않는 곳에서 일하는 자신만의 이유를 확실히 정의한다.
1. 일하면 돈을 벌 수 있다.
2. 일하면 명확한 목표가 생긴다.
3. 일하면 만남이 생긴다.
4. 일하면 배울 수 있다.
5. 일하면 신용을 얻는다.
6. 일하면 자신감이 생긴다.

실패를 그저
실패로 두지 마라

도전과 실패. 이 둘은 꽤 절친한 사이다. 마치 바늘과 실처럼 도전하면 실패가 따라오는 경우가 많다.

그렇다고 실패한 도전이 무의미하지 않다. 실패는 교훈을 준다. 나는 그 진리를 사업에 실패한 지인에게 배웠다.

원래 그는 IT 기업에서 일하던 엔지니어였다. 그러던 어느 날, 한 고객이 "일감을 줄 테니 독립하지 않겠나?"라며 제안했고, 고민 끝에 회사를 차렸다.

당연히 독립하고 초반에는 꾸준히 일을 받았다. 하지만 고객사의 담당자가 자리를 이동하면서 점차 일감이 줄었다. 이대로는 안 되겠다 싶어 새로운 고객을 찾으려 했지만, 딱히 인맥도, 영업 경험도 없어 당장 일감을 구할 수 없었다.

웹 서비스를 만들려는 생각으로 사이트도 몇 개 열었지만 접속자는 늘지 않았다. 오히려 적자만 계속 커질 뿐이었다. 결국 직원들에게 월급을 줄 수 없는 상황까지 이르렀고, 4년 동안 운영하던 회사를 닫을 수밖에 없었다.

그는 거래처를 돌며 사정해서 직원 3명의 재취업을 책임 졌고, 이제 남은 것은 자신의 거처뿐이었다.

사실 이렇게 사업에 실패하는 경우는 매우 많다. 영세기 업은 꾸준히 수익을 낼 기반이 없어 작은 환경 변화에도 쉽 게 도산하고 만다.

비록 회사는 없어졌지만, 그는 많은 것을 배웠다며 내게 말했다.

지인 　결국, 나는 사업에 실패했지만 아주 많은 교훈을 얻었지.

나 　예를 들면 어떤 건가요?

지인 　음, 여러 가지가 있는데…….

그는 이번 경험으로 깨닫게 된 3가지 교훈을 하나씩 설명 하기 시작했다. 일을 잘하고 싶다면 꼭 기억하라는 말도 덧 붙였다.

1. 월급을 주는 쪽의 마음을 헤아린다

👤 지인   먼저, 첫 번째는 월급을 주는 쪽의 마음을 잘 알게
되었다는 거야. 직원은 매달 월급 받는 것을 당연하
게 생각하지만, 고객은 매달 돈을 내는 것을 당연하
게 여기지 않아. 이 차이를 메우기는 굉장히 어려워.

👤 나   그렇겠네요.

👤 지인   이 부분이 정말 힘들어. 그런 마음을 가진 사람은 아
마 대표뿐일 거야. 직원들에게 대표의 마음을 갖게
하기는 아마 불가능하겠지.

그래도 월급을 주는 쪽의 마음을 헤아리고 나니 일
할 때 마음가짐이 바뀌더라고. 일할 때 좀 더 치열하
게 고민하고, 더 나은 선택지는 없을지 다각도로 바
라보고. 물론, 직원들에게 대표의 마음으로 일하라
고 강요해서는 안 돼. 스스로 깨닫는다면 좋겠지만.

사실 많은 경영자가 이 문제로 고심할 것이다. 직원에게
대표의 마음으로 일하라는 것은 경영자의 욕심일지 모른다.
다만, 스스로 그 마음을 헤아리게 된다면 일에 임하는 마음
가짐이 바뀌어 좋은 성과를 낼 수 있다.

2. 이익의 소중함을 이해한다

지인　그리고 두 번째, '이익'이 얼마나 소중한지 알게 되
었어. 직장인일 때는 회사의 이익이 커지면 내 월급
이 줄어든다고 생각했어. 마치 내게 줘야 할 돈을 회
사에 쌓아두는 것 같았지.
하지만 회사를 운영해보니 세금, 직원들의 사회보
험 등 내야 할 돈이 많더라고. 무엇보다 거래가 갑자
기 끊겨도 직원들에게 월급은 줘야 해. 그래서 회사
에 이익이 생기면 최대한 돈을 남겨두고 싶다는 생
각이 강하게 들더군.

나　그렇군요…….

지인　웃기지 않나? 경영자가 되니 돈 생각을 멈출 수 없
었어.

나　그렇게 일하는 걸 좋아했는데 말인가요?

지인　응. 그래도 일을 보는 시각이 넓어졌어.

　천생 기술자였던 그는 사업을 시작하고 나서 이익을 내는
데 더 열중해야 했다. 그래도 이익의 소중함을 알고 나니 일
을 대하는 시각이 넓어졌다며 밝게 말했다.

3. 하고 싶은 일을 하려면 안정된 수입이 필요하다

지인   세 번째, 하고 싶은 일을 하려면 안정적인 수입이 필요해.

나   무슨 뜻인가요?

지인   난 사업을 시작하고 고상한 일은 전혀 하지 못했어. 이를테면 참신한 사업 모델을 만들 수 없었지. 난 주로 단골 거래처에 전화해서 '일감 없습니까?'라고 물어보거나 '소개해주세요'라고 부탁해서 거래처를 늘리는 데 집중했어. 당장 돈 벌 수 있는 일에만 시간을 썼지.

그는 생각에 잠긴 듯, 한동안 말이 없었다. 그리고 다시 천천히 이야기를 꺼냈다.

지인   종종 뉴스에 뛰어난 경영자가 차별화된 제품을 내놓았다는 소식이 나오잖아. 그러나 대다수의 회사는 당장 생계를 꾸려가는 데 급급해. 하지만 직원들은 '우리 회사도 저렇게 되면 좋겠다'라고 생각하곤

하지.

나   …….

지인   그런 회사는 아마 1퍼센트도 안 될 거야. 그걸 잘 알
         겠더라고. 거래처도 모두 힘들어했어. '안정된 수입
         이 있으면 더 잘할 수 있을 텐데'라고 몇 번이나 생
         각했는지……. 비록 나는 다시 직장인으로 돌아가지
         만, 소중한 교훈을 얻었으니 이제 정말 일 잘하는 사
         람이 될 수 있을 거라고 생각해. 다시 힘을 낼 거야.

그의 표정은 아주 밝았다. 직원과 경영자의 역할을 모두
해보았기에 일에 대한 시각이 더 넓어진 듯했다.

TIP 일을 잘하는 사람들은 실패를 통해 시각을 넓힌다. 또한 그들
은 보이지 않는 곳에서 새로운 시각으로 일을 바라본다. 그러
면 직장인의 입장에서 보이지 않던 부분을 파악할 수 있다.
1. 월급을 주는 쪽의 마음을 헤아린다.
2. 이익의 소중함을 이해한다.
3. 하고 싶은 일을 하려면 안정된 수입이 필요하다.

일 잘하는 사람들이 보이지 않는 곳에서 반드시 하는 것

직장인과 학생의
대화는 이렇게 다르다

어느 회사에서 '의사소통 능력 향상'을 위한 연수가 있었다. 신입사원을 대상으로 하는 연수였다.

"직장인의 대화는 학생의 대화와 어떤 점이 다를까요?"

강사의 질문에 신입사원들은 선뜻 대답하지 못했다. 강사는 다른 점으로 크게 세 가지를 뽑았다.

- 상하 관계가 존재한다.
- 듣는 사람 중심이다.
- 요구가 포함된다.

예를 들어, 약속을 잡으려는 상황이라고 해보자. 같은 상황이지만 직장인과 학생의 대화 내용은 확연히 달라진다.

학생의 대화

👤 학생1 　내일 시간 있어?

👤 학생2 　왜?

👤 학생1 　나, 내일 한가하거든.

👤 학생2 　없어, 바빠.

👤 학생1 　매정하네.

👤 학생2 　내일모레까지 과제를 내야 하는데 아직 손도 못 댔어.

직장인의 대화

👤 상사 　내일 오후 1시부터 시간 좀 내줄 수 있나? 확인해보니 특별한 일정은 없던데.

👤 후배 　방금 회의에서 1시부터 미팅이 잡혔는데요……. 급한 일인가요?

👤 상사 　예전에 담당했던 고객이 꼭 일을 의뢰하고 싶다고 연락이 왔거든. 자네가 맡아줬으면

해서 말이야.

> 후배　음……. 그렇군요. 잠시 기다려주실래요? 일
> 정을 조율해보겠습니다.

> 상사　부탁하네. 중요한 고객이거든.

> 후배　네, 조율이 끝나면 바로 연락드리겠습니다.

대화를 직접 비교해보니 다른 점이 느껴지는가? 하나씩 살펴보면 더 확실히 이해될 것이다.

첫 번째, 직장인의 대화에는 상하 관계가 존재한다.

학생 때는 주로 또래와 대화하기 때문에 대등한 관계가 많다. 하지만 회사에서는 다르다. 직장인은 상사나 고객과의 소통처럼 상하 관계가 뚜렷한 의사소통을 많이 한다.

두 번째, 직장인의 대화는 듣는 사람 중심이다.

학생끼리 대화할 때는 먼저 말을 꺼낸 사람을 중심으로 대화가 진행된다. 이야기를 꺼냈을 때 말이 잘 통하면 소통하고, 그렇지 않으면 친하게 지내지 않겠다는 식이다.

하지만 직장에서는 그렇지 않다. 대화가 통하지 않더라도 상대를 안 보고 지낼 수 없다. 따라서 상대가 누구든 간에 듣는 사람을 배려하는 기술이 필요하다.

세 번째, 직장인의 대화에는 요구 사항이 포함된다.

학생들끼리 대화할 때는 상대방에 대한 요구 사항이 없어도 괜찮다. 그저 원만하게 지낼 정도로 대화하면 충분하다.

하지만 직장인의 대화는 다르다. 상대에게 요청하는 내용, 즉 알맹이가 있다. "자료를 더 보충해주세요", "빨리 마무리해주세요", "상황을 보고해주세요" 같은 요구 사항이 포함된다.

특히 세 번째 특징이 매우 중요하다. 업무에서 결단을 내리기 위해 추가 정보가 필요하거나, 피드백을 받아야 할 때가 있기 때문이다.

일을 잘하는 사람들은 항상 최선의 선택을 하며 후회할 일을 줄인다. 그때 가장 중요한 역할을 하는 것이 의사소통이다. 어떤 결단을 내릴 때 의사소통 방식에 따라 선택이 바뀔수도 있다. 따라서 의사소통력에 대해 3장에서 자세히 다루겠지만, 미리 간단히 살펴보겠다.

일을 잘하는 사람들은 어떤 의사소통 기술을 갖추고 있을까? 그들은 대화할 때 어떤 부분을 신경 쓸까?

일 잘하는 사람들이 보이지 않는 곳에서 반드시 하는 것

1. 상하 관계를 부드럽게 만드는 기술

① 예의

중국의 사상가 공자는 '예禮'를 '상대방에 대한 배려를 드러내는 것'이라고 정의했다. 상대를 배려하지 않으면, 아무리 좋은 의견도 제대로 전달되지 않는다. 따라서 소통할 때는 반드시 예의를 갖춰야 한다.

② 정보 제공

일을 잘하는 사람들은 '정보 제공자' 역할을 톡톡히 한다. 상사가 의사결정을 쉽게 내릴 수 있도록 적절한 정보를 제공해 돕는 것이다. 이때 포인트는 정보를 간결하게 전달하는 데 있다. 문서가 아닌 말로 전달하는 것이기에 더욱더 핵심에 집중해야 한다.

③ 관용

상사와 잘 지낼 열쇠는 관용에 있다. 상사 역시 평범한 사람이다. 상사도 약점이 있고, 때론 실수도 한다. 물론 동료와 후배도 마찬가지다. 이때 미흡한 부분을 비난하기 쉬운데, 일을 잘하는 사람들은 비난하지 않는다. 비난은 소통뿐만 아니라 관계까지 엉망으로 만들기 때문이다. 관용을 베풀어 상사의 부족한 부분을 너그러이 받아들인다면, 소통이 훨씬 매끄러워질 것이다.

2. 듣는 사람을 배려하는 기술

① 쉽고 명확한 표현

일을 잘하는 사람들과의 대화는 언제나 명쾌하다. 그 비결은 쉽고 명확한 표현에 있다. 일을 잘하는 사람들은 어려운 표현을 되도록 쓰지 않는다. 또한 말의 의도가 변하지 않도록 주의를 기울인다. 어떤 결단을 내릴 때 영향을 미칠 수 있기 때문이다. 이때 단어의 뜻뿐만 아니라, 단어가 연상시키는 배경도 고려해야 한다.

보고서나 제안서 등의 문서를 작성할 때도 마찬가지다. 무심코 쓴 표현이 오해를 불러일으키면 아무리 훌륭한 아이디어를 담고 있어도 소용없다.

예컨대 제안서에는 '○○ 예시기획 예시 등'라는 말을 사용하지 않는 게 좋다. 간혹 '예시'라는 단어를 보고 이미 결정된 사항이라고 느끼는 사람도 있기 때문이다. 이런 경우, '예시'보다 '안'을 사용하기를 추천한다.

② 질문

사람은 자신이 듣고 싶은 말만 듣는다. 만약 상대방이 무엇을 원하는지 모르면 대화는 계속 겉돌 뿐이다. 따라서 대화할 때는 항상 상대가 무엇을 원하는지 물어야 한다. 꼭 기억해라. 말하기 전에 묻기!

③ 간결함

일을 잘하는 사람들은 공통적으로 간결하게 말한다. 너무 많은 정보를 말하면 상대는 그 속에서 필요한 내용만 골라내기 위해 에너지를 써야 한다. 시간은 금이다. 일할 때는 더욱더. 그러니 핵심만 말하자.

3. 요구 사항을 받아들이게 하는 기술

① 감정 공략

일을 잘하는 사람들은 요구 사항을 전할 때 논리만 내세우지 않는다. 상대의 감정을 공략한다. 아무리 옳은 말을 해도 부정적인 감정이 들면 소통은 단절된다.

그러니 논리를 쌓고 감정을 자극하라. '기대된다', '믿는다' 처럼 상대의 감정을 공략하면 요구를 더 잘 받아들일 것이다.

② 가치관 존중

사람은 모두 중요하게 생각하는 가치관이 다르다. 함께 일하는 사람들도 마찬가지다. 학생 때는 같은 지역, 비슷한 나이 등 공감대가 형성돼 상대를 이해하기 쉬웠지만, 직장은 그렇지 않다. 따라서 상대가 무엇에 가치를 두고 중요하게 여기는지 이해해야 한다.

일을 잘하는 사람들은 자신의 요구 사항이 상대의 가치관에 부합하다는 점을 넌지시 전한다. 그러면 상대가 요구 사항을 거부감 없이 받아들인다.

③ 여유

때로는 요구 사항을 전달하고 기다려야 할 때도 있다. 일을 잘하는 사람들은 그런 순간에도 여유를 잃지 않는다. 마감일을 넘겼다면 재촉해야 하겠지만, 아니라면 조급한 마음을 내려놓자. 괜한 재촉은 성과의 질을 낮추고, 상대와 내 사이에 벽을 만들 뿐이다.

일을 잘하는 사람들은 보이지 않는 기술로 원하는 바를 이룬다.

1. **상하 관계를 부드럽게 만드는 기술**
   예의, 정보 제공, 관용

2. **듣는 사람을 배려하는 기술**
   쉽고 명확한 표현, 질문, 간결함

3. **요구 사항을 받아들이게 하는 기술**
   감정 공략, 가치관 존중, 여유

일잘러는 보상을 위해 노력할까?

노력과 보상. 이 둘은 정말 짝꿍일까?

공부해야 하는 학생에게도, 일해야 하는 직장인에게도 종종 "노력하면 보상받는다"라고 말하곤 한다.

하지만 그 말을 믿지 않는 사람이 꽤 많다. 심지어 "나는 보상받지 못했어"라는 반박을 마주하기도 한다. 실제로 노력한 만큼 보상받지 못한 경우는 많다. 아니, 어쩌면 보상받은 사람보다 받지 못한 사람이 더 많을지도 모른다.

이렇게 말하면 노력파인 사람은 "노력은 성공하기 위한 최소한의 조건이다. 노력에 보상이 안 따를 수도 있지만, 성공한 사람은 모두 노력했다"라고 되받아칠 것이다.

하지만 이 주장은 설득력이 약하다. 그 이유는 두 가지다.

일 잘하는 사람들이 보이지 않는 곳에서 반드시 하는 것

첫째, 노력해야 한다고 말하면서 "보상이 안 따를 수도 있다"는 가능성을 남겨 둔다. 둘째, '성공한 사람은'이라는 또 다른 조건을 내걸었다. 그렇다 보니 성공 욕심이 없는 사람에게는 아무런 울림을 주지 못한다.

가끔 "우리 직원들은 의욕이 없어"라며 투덜대는 경영자와 관리자를 만난다. 마치 그들의 머릿속에는 세 가지가 한 세트로 묶여 있는 것 같다.

욕심이 없다 = 의욕이 없다 = 노력하지 않는다

'욕심이 없다'가 '노력하지 않는다'와 같다니, 전혀 이치에 맞지 않는다. 이 괴리의 원인은 분명히 '노력'과 '보상'을 하나로 묶어서 이야기하는 데 있다.

'노력'을 '보상을 얻기 위한 고행'이라고 생각하는 사람이 많다. 그러나 노력과 보상이 짝꿍이라면 보상에 관심이 없는 사람을 움직일 수 없다.

"좋은 대학, 좋은 회사에 들어가려면 공부 열심히 해"라는 말도 마찬가지이다. 일류 대학이나 대기업에 들어가는 데 관심이 없는 사람에게는 잔소리일 뿐이다. 요즘 시대에 노력은 보상을 보장하지 않는다.

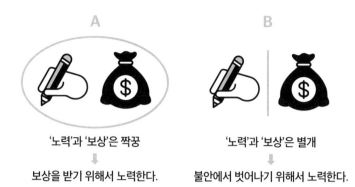

A	B
'노력'과 '보상'은 짝꿍	'노력'과 '보상'은 별개
↓	↓
보상을 받기 위해서 노력한다.	불안에서 벗어나기 위해서 노력한다.

　실제로 최근에는 '노력할 필요가 있나?', '일하지 않아도 괜찮지 않아?'라고 생각하는 사람이 늘어나는 추세다.

　그렇다면 일을 잘하는 사람들은 왜 노력할까? 답은 간단하다. 노력하지 않으면 견딜 수 없어서 노력할 뿐이다.

　인생은 항상 불안하다. 아무 노력도 하지 않으면 그 불안과 정면으로 맞서 싸워야 한다. 경제적으로 여유로운 사람들도 병과 죽음에 대한 불안에서 자유롭지 못하다.

　이때 몰입이 유용하다. 몰입은 마음을 안정시키는 데 매우 효과적이다. 무언가에 몰입함으로써 쓸데없는 생각을 지울 수 있다. 노력이 몰입을 돕는 도구인 셈이다. 일을 잘하는 사람들은 이 사실을 안다.

　영화 〈매트릭스〉에 이런 대사가 나온다.

"매트릭스는 너희 인간이 만들었다. 즐겁고 행복한 삶을 위해서 말이야. 하지만 인간이란 참 이상한 존재지. 불행이나 고통이 없으면 오히려 불안해하는 것 같아."

노력해야만 불안하지 않은 삶을 살 수 있다. 일에서도 마찬가지다. 일을 잘하는 사람들은 자신의 행복을 위해 최선을 다한다. 오늘 할 일을 다 끝내야 퇴근 후에도 불안하지 않을 수 있다. 더 나아가 좋은 성과를 내면 편한 마음으로 휴가도 떠날 수 있다.

그래서 일을 잘하는 사람들은 노력에만 집중한다. 더 이상 보상에 얽매이며 노력하지 마라.

 일을 잘하는 사람들은 보이지 않는 곳에서도 항상 무언가에 몰입한다. 단, 이때 보상에 얽매이지 않는다.

알아서 잘하는 사람과
마음대로 일하는 사람의
미묘한 차이

어느 회사의 사장님이 골칫거리 직원이 있다며 상담을 요청했다. 사실 그런 직원은 어디에나 있으니 그리 놀랍지는 않았다. 그래서 담담하게 무엇이 문제냐고 물었다.

"주변 사람의 의견을 듣지 않고 자기 마음대로 일을 진행한다네."

그 대답에 나는 한 가지 의문이 생겼다. 사장님은 평소에 "직원들이 좀처럼 알아서 움직이지 않는다", "지시를 기다리지 말고 더 주체적으로 일하면 좋겠다"라며 불만을 토로했다. 하지만 실제로 그런 직원이 생기자 독단적으로 일을 진행한다며 불만이라니! 그 기준이 궁금해진 나는 사장님에게 "알아서 잘하는 사람과 자기 마음대로 일하는 사람의 차이는 무엇인가요?"라고 물었다.

사장 음…… 명확하게 나누기는 어렵지만, 일단 내가 안심할 수 있어야 해.

나 자세히 설명해주시겠어요?

사장 지시를 기다리지 않고 알아서 움직이길 바라는 데에는 조건이 있어. 첫 번째는 주어진 권한을 제대로 이해하고 있는가. 계약처럼 중요한 걸 함부로 하면 안 되니까. 권한을 제대로 이해하고 있어야 하지.

나 그렇군요.

사장 두 번째는 주변 사람들을 배려할 줄 아는 사람인가. 마음대로 움직이면 사람에 따라서는 반감을 사기도 하네. 함께 일하는 직원 중에는 보수적인 사람도 있기 마련이지. 내가 아무리 알아서 움직이라고 했어도 그런 사람들은 배려해야 해. 만약 그러지 못해서 다툼이 생기면 주변 사람들로부터 고립될 수 있다네. 그건 곤란하지.

나 그렇군요. 그렇다면 결국 '알아서 하길 바라는 사람'

과 '마음대로 하지 않았으면 하는 사람'이 따로 있다는 말씀이군요?

👤 사장 　그렇지. 하지만 평등해야 하니 직원들에게 공개적으로 말할 수는 없지 않겠나.

　일을 잘하는 사람들은 "알아서 움직여라"라는 말에 숨은 의미도 파악한다.

　하지만 대다수는 자신이 '알아서 하길 바라는 사람'과 '마음대로 하지 않았으면 하는 사람' 중 어디에 속하는지 모른다. 그래서 안전하게 지시를 기다린다. 그러나 자기 마음대로 하는 사람은 그런 부분을 신경 쓸 만큼 섬세하지 않다. 결국 그 둔감함 때문에 '골칫거리'가 되는 셈이다.

　알아서 일 잘하는 사람이 되고 싶다면 다음 2가지를 꼭 기억해라.

- 자신의 권한을 파악해라. 즉, '회사의 규칙'을 숙지해야 한다. 이때 암묵적인 규칙까지 고려해 누구에게 상황을 알릴지 생각해야한다.
- 보수적인 사람을 배려해라. 규칙을 지켜도 반감을 사는 경우가 많다. 따라서 보수적인 사람을 배려할 필요가 있다.

　　일 잘하는 사람들이 보이지 않는 곳에서 반드시 하는 것

또한 '사전 교섭' 역시 알아서 잘하는 사람이 되는 데 효과적이다. 예를 들어, 회의 전에 관계자들에게 개별적으로 설명해두거나 가까운 고객사의 편에 서면 만족할 만한 결과를 얻을 수 있다.

일 잘하는 사람들은 이러한 점들을 고려하며 항상 가장 합리적인 선택을 한다.

 일 잘하는 사람들은 보이지 않는 곳에서 꼭 지켜야 할 선을 그린다.

1. 자신의 권한을 정확히 이해한다.
2. 보수적인 사람까지 배려한다.

모두 각자의 평가 기준을
지니고 있다

인맥 관리는 모든 직장인의 고민이다. 특히 회사 사람들에게 어느 정도 에너지를 쏟아야 할지 고민하는 새내기 직장인이 많다.

사회생활을 시작한 지 2~3년쯤 됐을 때 방문한 거래처의 신입사원 역시 인맥 관리로 고민하고 있었다.

🧑 신입사원　왜 선배들까지 인맥 관리를 해야 하나요?

🧑 부장　　인맥 관리?

🧑 신입사원　요전에 부장님께서 '가끔 선배들과 술도 한잔하며 친분을 쌓아라'라고 말씀하셨잖아요.

🧑 부장　　아, 그 얘기였군. 그 후로 선배에게 술 한잔하자고

했나?

🧑 신입사원　아니요. 사실 저는 그렇게 하고 싶지 않습니다.

🧑 부장　흠······.

🧑 신입사원　남에게 아부하는 것은 좋지 않잖아요. 더군다나 선배에게 잘 보이는 것과 성과를 내는 것은 별개라고 생각합니다. 고객을 위한 활동도 아니고요.

　나는 부장님이 어떻게 반응할지 궁금했다. 그런데 부장님은 의외의 대답을 꺼냈다.

🧑 부장　그렇군. 싫으면 하지 않아도 돼.

🧑 신입사원　네?

🧑 부장　싫으면 하지 않아도 괜찮다고 했네.

🧑 신입사원　정말요······?

🧑 부장　그냥 오지랖이었네.

🧑 신입사원　오지랖이요?

🧑 부장　세상에는 다양한 사람이 있으니까.

🧑 신입사원　무슨 말씀이세요?

🧑 부장　성과를 중시하는 사람도 있고, 친분을 중시하는 사람도 있지. 혈연을 중시하는 사람도 있고, 학력

을 중시하는 사람도 있어. 세상에는 다양한 사람이 있다네. 그래서 성과를 내면 인정받는 게 맞지만, 실제 사회에서는 꼭 그렇지도 않지. 물론, 편견을 가지고 다른 사람을 판단하는 게 옳다는 뜻은 아니야.

🧑 신입사원 하지만 회사에서는 성과가 중요하지 않나요?

👤 부장 물론 성과는 중요하지. 하지만 그 생각을 다른 사람에게 강요하는 것은 선배와 술자리를 가지라며 강요하는 것과 같지 않겠나?

신입사원은 부장님의 말을 듣고 깊은 생각에 빠진 듯했다.

👤 부장 나는 모든 사람이 바람직하게 행동하면 좋겠다고 생각하지만 강요하지는 않아. 강요한다고 해서 사고방식이 바뀌지 않으니까. 그저 가끔 술자리에서 내 의견을 말할 뿐이야.

🧑 신입사원 …….

👤 부장 그러니까 만약 성과로만 평가해달라고 하면 그러겠네. 신입이라고 해도 사회인으로서 존중해야지.

🧑 신입사원 모든 직원을 성과로만 평가한다는 말씀이세요?

일 잘하는 사람들이 보이지 않는 곳에서 반드시 하는 것

👤 **부장** 　열심히 인맥을 관리해서 평가받고 싶은 사람도 있고, 또 그걸 좋아하는 상사도 있지. 실제로 선배와 가깝게 지내면 일이 더 원활하게 진행되는 경우도 많아. 그러니 모든 직원을 같은 기준으로 평가할 수는 없어. 사람마다 잘하는 분야가 다르니까. 또 각자 중요하게 생각하는 부분도 다르지.

👤 **신입사원** 　그럼 저는 어떻게 해야 좋은 평가를 받을까요?

👤 **부장** 　비밀 하나 알려줄까? 사람들은 저마다 평가 기준을 가지고 있어. 그러니 최대한 많은 사람의 평가 기준에 부합해야 좋은 평가를 받겠지. 인사 담당자가 제시하는 평가 기준은 극히 일부일 뿐이야.

　사람은 누구나 자기만의 기준으로 다른 사람을 평가한다. 신입사원은 부장님의 말을 듣고 다시 생각에 잠겼다.

👤 **부장** 　내 평가 기준에 '친하다'라는 항목은 없으니 굳이 나와 술을 마시러 갈 필요는 없어.

👤 **신입사원** 　사회인은 참 힘드네요.

👤 **부장** 　그렇긴 하지.

얼마 지나지 않아 부장님은 신입사원에게 "술 한잔하러 가실래요?"라는 제안을 받았다고 한다.

평가는 두 가지로 나눌 수 있다. 스스로 하는 평가와 다른 사람에게 받는 평가. 업무도 마찬가지다. "저 친구는 일을 참 잘해"라고 모두 입을 모아 칭찬하는 사람을 생각해보라. 그들은 '성과'라는 객관적인 기준을 충족하는 데 만족하지 않는다. 인간관계, 문제 해결 능력, 자기주도성 등 여러 기준을 두루 충족시킨다.

일을 잘하고 싶다면 다른 사람들이 어떤 기준을 중요하게 생각하는지 살펴보라. 시간 관리, 인간관계 관리, 창의성 등 일을 잘할 방법을 찾을 수 있을 것이다.

 일을 잘하는 사람들은 자신의 평가 기준만 고집하지 않는다. 보이지 않는 곳에서 다른 사람의 기준도 파악한다.

변화는 항상
기회를 가져온다

"회사를 그만두고 싶은데요……."

직장인의 대화에서 빠지지 않는 주제, '퇴사'.

지금 다니는 회사를 그만둬야 할까? 계속 다녀야 할까? 신입사원부터 임원까지 그 누구도 쉽게 결정할 수 없다.

나는 경력 관리 전문가도 아니고, 이직을 도와줄 특별한 방안도 없다. 그래서 퇴사 상담 요청을 받으면 난감해지곤 한다. 그저 이야기를 들어주는 정도만 할 수 있으니 말이다.

그런데 몇 번 퇴사 상담을 하다 보니, 그들의 이야기에서 공통점을 발견할 수 있었다.

"지금 회사에서 일하는 게 너무 재미없어요. 저는 나름대로 열심히 하는데 상사는 어떻게 볼지 모르겠어요. 제가 부족한 걸 수도 있으니 상사 탓으로 돌릴 수는 없지만, 가끔 의문이 들어요. 다른 회사로 옮겨도 비슷할까 봐 그만두기도 두려워요. 그렇다고 다른 일을 하고 싶은 것도 아니에요. 어떻게 하면 좋을까요?"

어쩌면 그들은 상사와의 사이에 특별한 문제도 없고, 나름대로 성과도 내고 있는지 모른다. 그저 막연히 회사나 일에 대한 흥미가 떨어져 방황하는 중일 수도 있다.

나도 한때 비슷한 고민을 했었다. 그래서 그들이 응석을 부린다고 생각하지 않는다. "원래 다 그런 거야. 잔말 말고 열심히 해"라고 잔소리할 생각은 더더욱 없다.

'평생직장'이라는 개념이 사라진 요즘, 누구나 한 번쯤 퇴사를 고민한다. 일을 잘하는 사람도 마찬가지다. 실제로 일본의 한 자료2022년 연차경제재정보고에 따르면, 젊은 세대를 중심으로 근속 연수가 점점 짧아지고 있다고 한다.

그렇다면 적절한 퇴사 시기는 어떻게 판단할 수 있을까? 나는 다음 중 해당하는 것이 하나라도 있다면 퇴사를 권하는 편이다.

일 잘하는 사람들이 보이지 않는 곳에서 반드시 하는 것

- 일하지 않는 사장이나 상사 밑에서 일하고 있다.
- 사장의 사적인 부탁을 들어주고 있다.
- 예의가 없는 사람과 일하고 있다.
- 마음이 맞지 않는 사람과 일하고 있다.
- 직장에서 욕설이 난무한다.
- 언론이 통제되는 직장에서 일하고 있다.
- 고객을 속여야 하는 직장에서 일하고 있다.
- 무모한 목표 달성을 위해 무리하고 있다.
- 계속해서 의욕이 넘치는 척을 하고 있다.
- 좋아할 수 없는 상품을 판다.
- 가족이 힘들 때도 일을 우선시해야 한다.

물론, 때로는 퇴사하고 싶어도 참아야 할 때가 있다. 예컨 대 이직한 지 얼마 되지 않았다면 다음 이직을 준비할 때 불리할지도 모른다. 만약 지인의 소개로 입사한 회사라면 지인과 사이가 멀어질 수도 있다. 그러니 이런 경우에는 당장 퇴사하는 것이 좋다고 할 수 없다.

하지만 인생은 매우 짧다. 일 잘하는 사람들은 귀중한 시간을 무의미한 데 쓰지 않는다. 똑같이 1년을 보내더라도 조금 더 자신이 성장할 수 있는 곳을 선택한다.

변화는 항상 기회를 가져온다. 비전이 없는 곳에서 버틸 것인가, 성장 가능성을 열어줄 곳을 찾을 것인가. 일 잘하는 사람들은 과감하게 떠날 줄 아는 배포를 지녔다.

TIP 일을 잘하는 사람들은 보이지 않는 곳에서 회사의 비전을 판단한다. 만약 에너지를 쏟기 아까운 곳이라면 과감하게 결단을 내린다.

일 잘하는 사람들이 보이지 않는 곳에서 반드시 하는 것

일 잘하는 사람들이 보이지 않는 곳에서 반드시 하는 것

3장

일 잘하는 사람은
쉽게 말한다

의사소통력

대화에서 다다익선은
통하지 않는다

대화는 생각보다 어렵다. 특히 일할 때는 대화의 난이도가 매우 높아진다. 거래처 직원이나 고객과의 대화를 떠올려보라. 미소를 띠고 있지만 속으로는 진땀을 뺀 경험이 한 번쯤 있을 것이다.

그러나 일을 잘하는 사람들은 누구와 대화를 나누어도 어려운 기색이 없다. 그들은 보이지 않는 곳에서 어떤 노력을 하는 것일까?

오래전에 어느 회사를 방문했을 때의 일이다.

대화하는 데 매우 서툴러서 고민에 빠진 한 영업사원을 만났다. 노력가인 그는 대화법에 관한 책을 찾아 읽고, 강의에도 참석하는 등 대화 실력을 키우고자 갖은 노력을 하는 중이었다.

이야기를 들어보니 그는 학창 시절부터 대화에 서툴러서 친구를 사귀는 데에도 어려움을 겪었다고 했다. 대화가 서툰데 영업사원이 됐다니, 그 이유가 궁금해진 나는 조심스레 물었다.

👤 나　　보통 대화가 서툴면 사람을 만나지 않는 일을 원하잖아요. 그런데 영업사원이 된 특별한 이유가 있나요?

👤 영업사원　저를 바꾸고 싶어서요.

용기 있는 선택이었다. 그러나 갖은 노력에도 불구하고 그의 대화 실력은 전혀 늘지 않았다.

이유는 간단했다. 긴장한 나머지 말이 많아졌다. 어떻게든 대화를 이어가려고 혼자 안쓰러울 만큼 애를 썼다. 마치 '대화에 틈이 생기면 안 돼!'라는 마음의 소리가 들리는 것 같았다.

그렇게 그는 '대화에 서툰 것'과 '말을 너무 많이 하는 것' 사이를 오가는 중이었다. 강의에서 배운 내용을 충실히 따른 결과였다.

그러던 어느 날, 오랜만에 영업사원을 만난 나는 깜짝 놀랐다. 그가 능숙하게 대화를 이끄는 것이 아닌가. 그는 한 고객에게 조언을 듣고 새롭게 태어났다며 웃으며 말했다.

영업사원을 변화시킨 고객은 거래처 부장님이었다. 함께 점심을 먹을 때 영업사원이 슬며시 고민을 털어놓자 부장님은 이렇게 말했다.

👤 부장   억지로 말하려고 할 필요 없어. 대화를 잘하려면 두 가지 요령만 기억하면 돼. 상대방이 하고 싶은 말을 들어주는 것과 상대방이 듣고 싶은 말만 하는 것. 그뿐이야. 다른 방법은 없다네.

👤 영업사원   더 자세히 설명해주시겠습니까?

👤 부장   '상대방이 알아서 말하고 싶게 만든다.' 이게 중요해. 그러니 먼저 상대가 하고 싶은 말을 들어야 해. 사람은 누구나 자랑거리나 흥밋거리가 한두 가지씩은 있거든. 업적이나 취미 같은 것 말이야. 일단 그걸 주제로 꺼내. 그리고 상대가 이야기하면 그에 맞춰 자신이 아는 내용을 조금 곁들이면 돼. 누가 어떤 이야기를 꺼내도 맞장구를 칠 수 있을 만큼 다양한 정보를 접하면 좋겠지?

이야기를 많이 할 필요는 없어. 호응만 해도 충분해. 말을 많이 할 바에야 차라리 조용히 있는 편이 낫다네.

부장님의 조언은 그에게 큰 깨달음을 줬다. 그 덕에 말을 잘해야 한다는 두려움도 없어졌다고 했다.

다다익선이라는 말이 있다. 하지만 대화에서는 통하지 않는다. 일을 잘하는 사람들은 이 비밀을 안다. 그들처럼 매끄럽게 대화하고 싶다면 여유로운 마음으로 상대가 말하게끔 만들어라.

일을 잘하는 사람들은 보이지 않는 곳에서 다양한 분야의 정보를 접한다. 그리고 대화할 때는 한 가지를 가슴에 새긴다. 상대방이 하고 싶은 말을 들어줄 것!

일 잘하는 사람들이 보이지 않는 곳에서 반드시 하는 것

쉽게 말하는 사람이
일도 잘한다

일을 잘하는 사람들은 상대에게 자신의 의도를 확실하게 전달한다. 그 방법은 하나다. 쉽고 정확하게 설명하기!

하지만 평소에 신경 쓰지 않으면 쉽게 말하기는 힘들다. 분명 나는 쉽게 말했다고 생각하는데, 듣는 사람의 얼굴은 명쾌해 보이지 않는다.

도대체 일을 잘하는 사람들은 어떻게 쉽게 말하는 것일까? 타고났을까? 아니면 노력의 결과일까?

1만 명의 직장인을 만나며 찾은 비밀은 '역지사지'였다. 일을 잘하는 사람들은 상대방의 입장에서 생각하며 말했다. 지금부터 일 잘하는 사람처럼 쉽게 말할 수 있는 8가지 비밀을 살펴보자.

1. 결론부터 말해라

회사에서는 보고해야 하는 일이 많다. 보고할 때 주로 과정부터 말하는 편인가, 결론부터 말하는 편인가? 예를 들어, "오늘 회의 결과는 어땠나?"라는 질문을 받았다고 해보자.

어렵게 말하는 사람: 과정부터 말하기

"먼저 이번 분기의 매출 목표 달성률에 대한 안건이 있어서 스즈키 씨가 달성률을 보고했습니다. 그런 다음 야마시타 씨가 고객의 불만 사항을 정리해……."

어렵게 말하는 사람들은 회의 과정을 처음부터 설명한다. 소설이나 영화처럼 과정이 중요하다면 괜찮지만, 일할 때는 다르다. 일할 때, 특히 보고할 때는 결론부터 말해라.

쉽게 말하는 사람: 결론부터 말하기

"잘 끝났습니다. 부장님이 지시하신 안건은 우리가 맡기로 했습니다. 다만, 회의에서……."

"아쉽게 끝났습니다. 부장님이 지시하신 대로 되지 않았습니다. 실은……."

차이가 느껴지는가? 결론부터 이야기하면 쉽게 이해할 수 있다.

2. 구체적으로 말해라

일을 잘하는 사람들은 상대의 머릿속에서 물음표를 없앤다. 그들은 대화할 때 애매하고 추상적인 표현을 사용하지 않는다. 언제나 구체적이고 정확하게 표현한다. 가령 "업무의 우선순위는 어떻게 정하나?"라는 질문을 받았다고 해보자.

어렵게 말하는 사람: 추상적으로 말하기

"급히 처리해야 하는 일이나 중요한 일, 그리고 빨리 끝낼 수 있는 일을 최우선으로 합니다."

'급히 처리해야 하는', '중요한', '빨리 끝낼 수 있는' 같은 표현을 사용하는 사람들이 많다. 그런데 사실 이런 표현은 추상적이다. 듣는 사람은 '그래서 급한 일의 기준이 뭐지? 어떤 일이 중요하지?'라는 의문이 꼬리를 물기 십상이다. 답변을 들었는데도 물음표가 남은 셈이다.

쉽게 말하는 사람: 구체적으로 말하기

"먼저 해야 할 일의 목록을 적습니다. 그리고 각각의 마감일과 중요도를 세 단계로 구분합니다. 마감일까지 남은 일수와 중요도를 곱하여 숫자가 높은 순으로 나열합니다. 저는 이 방식으로 우선순위를 정합니다."

이렇게 구체적으로 말하면 단번에 이해할 수 있다.

3. 하고 싶은 말 말고, 상대의 질문에 답해라

대화할 때 흔히 하는 실수가 있다. 바로, 자기가 하고 싶은 말에 집중하는 것이다. 일할 때는 핵심을 전달해야 한다. 만약 상사가 질문했다면, 그에 대한 답변이 전달해야 할 핵심이다. 가령 "오늘은 어느 거래처에 갔었나?"라는 질문을 받았다고 해보자.

어렵게 말하는 사람: 하고 싶은 말하기

"A사에서는 분위기가 좋았습니다. B사는 담당자가 자리를
비워 겨우 만났어요."

어디에 갔는지 답했지만, 묻지 않은 내용까지 말해 답이
길어졌다. 물론 일상 대화에서는 상관없다. 하지만 일이 바
쁠 때에는 핵심이 전달되기 어려울 수 있으니 주의해야 한
다. 내가 하고 싶은 말을 먼저 하면 핵심이 쏙 들어오지 않는
다. 그러니 먼저 상대의 질문에 간단하게 답해라.

쉽게 말하는 사람: 상대의 질문에 답하기

"A사, B사, C사를 돌았습니다."

간결하게 대답하면 질문한 사람의 궁금증은 해소된다. 만
약 상대방이 어떤 부분을 더 궁금해하는지 안다면 뒤에 덧붙
여도 좋다. 이를테면 대답한 뒤 "오늘 방문한 세 곳 중에 B사
와 C사의 수주 가능성은 아주 높아 보입니다"라고 설명하는
식이다.

4. 상대의 반응에 따라 표현을 골라라

보통 사람들은 자기에게 익숙한 말을 쓴다. 설령 전문 용어라고 할지라도 자기가 자주 쓰면 어렵다고 느끼지 못한다. 하지만 일을 잘하는 사람들은 대화할 때 항상 상대의 입장에서 생각한다. 그래서 어떤 단어를 사용해야 상대가 쉽게 이해할지 충분히 고민한 후 말을 꺼낸다. 예를 들어, "이번 분기의 실적은 어떻습니까?"라는 질문을 받았다고 해보자.

어렵게 말하는 사람: 자기에게 익숙한 표현 쓰기

"매출 총이익은 증가했지만, 판관비 상품을 판매하거나 관리하는 데 드는 비용가 그 이상으로 증가해서 현재 영업 이익은 지난 분기 대비 마이너스입니다."

어렵게 말하는 사람은 자기에게 익숙한 표현을 쓴다. 특히 전문 용어를 사용해 이런 실수를 하는 경우가 많다. 대화할 때 상대의 표정과 반응에 신경 쓰는 습관을 들이면 이런 실수를 줄일 수 있다.

"매출 총이익은 증가했는데……. 아, 회계 용어가 어렵나요? 죄송합니다. 더 쉽게 설명하겠습니다. 결론적으로 이번 분기는 수익이 별로 안 났습니다. 광고에 너무 많은 비용을 써서……."

일을 잘하는 사람들은 말할 때 듣는 사람의 반응을 살핀다. 만약 전문 용어를 들은 상대의 표정이 어두워지면 다른 표현을 사용하는 게 좋다.

5. 전체부터 말해라

나무보다 숲을 먼저 봐야 한다는 말이 있다. 숲을 먼저 봐야 각각의 나무들이 무슨 역할을 하는지, 어떻게 연결되는지 이해할 수 있기 때문이다. 대화할 때도 마찬가지다. 전체적인 맥락을 먼저 전달해야 상대방이 중요한 부분을 놓치지 않고 온전히 이해할 수 있다. 가령 장기 두는 법을 설명한다고 가정해보자.

어렵게 말하는 사람: 세부 사항부터 말하기

"말을 움직이는 방법부터 설명하겠습니다. 먼저 보步라는 말은 앞으로 한 칸씩만 이동할 수 있습니다. 다음으로, 비차飛車는 직선으로 앞뒤, 좌우 어디로든 이동할 수 있습니다. 그리고……."

곧바로 말을 움직이는 방법부터 설명하면 어떨까? 어떤 말이 있는지도 모르는데, 움직이는 방법을 설명하니 머리에 안 들어올 것이다. 또 승격적진 안에서 다른 움직임으로 이동할 수 있게 되는 것 규칙이나, 이보二步, 같은 세로줄에 보를 두 개 놓는 것 같은 반칙처럼 세부 사항부터 설명하면 초보자는 이해하기 어렵다.

쉽게 말하는 사람: 전체부터 말하기

"장기는 자기 말을 움직여서 상대의 왕을 빼앗는 게임입니다. 즉, 두 사람이 하는 놀이입니다. 상대방의 말이 있는 칸에 내 말을 이동시키면 상대의 말을 빼앗을 수 있습니다. 이동할 수 있는 범위는 말에 따라 다릅니다. 말의 종류는……."

일 잘하는 사람들이 보이지 않는 곳에서 반드시 하는 것

먼저 몇 명이 하는 게임인지, 어떻게 하면 이기는지 가장 큰 규칙을 알려준다.

다음으로 말의 종류, 처음에 말을 배치하는 방법, 말의 이동 방법, 빼앗은 말의 사용법 등 전체적인 틀을 설명한 뒤, 세부 사항을 하나하나 설명한다.

이렇듯 전체부터 설명해야 듣는 사람이 확실하게 이해할 수 있다.

6. 상대의 눈높이에 맞춰라

의사소통은 내가 말하고자 하는 바를 상대에게 이해시키고 싶을 때 한다. 특히 일할 때는 더욱 그렇다. 상대의 이해를 돕는 가장 쉬운 방법은 그 사람의 눈높이에 맞춰 말하는 것이다. 가령 초등학생에게 '인터넷'을 설명한다고 해보자.

어렵게 말하는 사람: 자기 수준에 맞추기

"전 세계의 컴퓨터를 특정 통신 방식으로 연결한 네트워크를 인터넷이라고 부른다."

과연 이 설명을 들은 초등학생이 인터넷을 이해할 수 있을까? 그럴 수 없다. 상대의 눈높이를 고려하지 않았기 때문이다. 내가 무언가를 설명할 때 상대는 여러 가지 정보를 동시에 이해해야 한다. 다시 말해, 갑자기 쏟아지는 낯선 정보들을 처리하느라 정신없다. 따라서 최대한 상대의 눈높이에 맞춰 말해야 한다. 자기 수준에 맞춰서 말하면 설명을 따라가는 것만으로도 버거울 것이다.

쉽게 말하는 사람: 상대의 눈높이에 맞추기

먼저 "컴퓨터가 뭔지 알고 있니?"를 묻는다. 아이가 '집에 있는 네모난 기계', '학교에서 본 키보드 달린 기계' 등을 떠올리면 다음으로 넘어간다. "근데 컴퓨터끼리는 서로 연결되어 있지?"라며 이메일, 게임 등을 예로 들어 설명한다. 그 설명을 아이가 이해하면 "그렇게 컴퓨터끼리 연결하는 것을 인터넷이라고 부른단다"라고 말한다.

중간중간 "여기까지 이해했어?"라고 물어보며 확인하는 것도 중요하다. 만약 이해하지 못했다면 더 쉬운 예를 들거나, 다른 표현으로 설명해 이해를 도와야 한다. 꼭 기억해라. 상대의 속도에 맞춰 이야기하자.

7. 지시대명사를 많이 쓰지 마라

앞에서 말했듯, 일을 잘하는 사람들은 구체적으로 말한다. 그래서 그들은 불필요한 지시대명사를 사용하지 않는다. 예를 들어, 신청서를 인사과에 전해달라고 부탁한다고 해보자.

어렵게 말하는 사람: 지시대명사를 자주 쓰기

"아까 말한 그거 저 부서에 전해줘"라고 말한다.

말하는 사람은 '이것', '그것', '저것' 등의 지시대명사를 쓰면 편하다. 하지만 듣는 사람은 혼란스러워지기 쉽다. 현재 상황을 어느 정도 공유하고 있지 않으면 '그것'이 무엇인지, '저 부서'가 어디인지 알 수 없다. 그러니 불필요한 지시대명사는 사용하지 말자.

쉽게 말하는 사람: 정확하게 지칭하기

"아까 말한 신청서를 인사과에 전해줘."

이렇듯 일을 잘하는 사람들은 지시대명사를 쓰지 않는다. 명확하게 대상을 말한다.

8. 이야기를 마무리 짓고 다음 화제로 넘어가라

이야기를 나누다 문득 다른 주제가 떠오를 때가 있다. 일을 잘하는 사람들은 이럴 때 어떻게 할까? 시스템에 문제가 생겨 역할을 분담하는 상황을 가정해보자.

어렵게 말하는 사람: 옆길로 새기

역할 분담을 논의하던 중에 갑자기 "아, 다음 사용자 테스트가 언제였지?"라며 다른 이야기를 꺼낸다. 아마 중요한 사항이라 잊어버리기 전에 묻는 경우가 많을 것이다.

그러나 이야기가 옆길로 새면 원래 무슨 이야기를 하고 있었는지 되짚어야 해 시간이 낭비된다.

쉽게 말하는 사람: 이야기를 마무리 짓기

일을 잘하는 사람들은 갑자기 떠오른 생각은 한쪽에 적어둔다. 그리고 먼저 이야기 나누던 주제가 끝나면 다음 대화를 시작한다.

일을 잘하는 사람들의 쉽게 말하는 비법은 '상대를 생각하기'였다. 그런데 놀라운 점은 상대를 생각하며 한 행동이 본인을 편하게 만들었다는 사실이다. 상대가 쉽게 이해하면 함께 일하는 데 속도가 붙는다. 그렇게 일 잘하는 사람들은 쉽고 빠르게 성과를 낸다.

일을 잘하는 사람들은 보이지 않는 곳에서 대화의 기술을 정리한다. 그리고 항상 상대를 생각하며 말한다. 그들처럼 쉽게 말하고 싶다면 8가지를 기억해라.

1. 결론부터 말해라.
2. 구체적으로 말해라.
3. 하고 싶은 말 말고, 상대의 질문에 답해라.
4. 상대의 반응에 따라 표현을 골라라.
5. 전체부터 말해라.
6. 상대의 눈높이에 맞춰라.
7. 지시대명사를 많이 쓰지 마라.
8. 이야기를 마무리 짓고 다음 화제로 넘어가라.

상대방이 내 말을
듣고 싶게 만들어라

우리가 소통하는 이유는 단순히 말을 주고받는 데 있지 않다. 내 뜻을 상대에게 전달하는 데 있다. 특히 일할 때는 서로의 생각을 이해하고, 신뢰를 쌓아 목표를 달성하기 위해 소통한다. 다음 상황들만 떠올려봐도 내 뜻을 전하고자 소통한다는 것을 알 수 있다.

- 출퇴근길에 좁은 곳을 지나가고 싶을 때
- 후배 직원에게 보고서를 작성하라고 요청할 때
- 고객에게 자사 제품의 우수성을 홍보할 때
- 집에 돌아와 아이에게 공부하라고 잔소리할 때

일 잘하는 사람들이 보이지 않는 곳에서 반드시 하는 것

하지만 내 뜻을 온전히 말로 전달하기는 쉽지 않다. 누구나 한 번쯤 '왜 내 말을 이해하지 못하지?'라며 한숨 쉰 경험이 있을 것이다.

뜻이 제대로 전달되지 않는 이유는 언어의 불완전함 때문이다. 다시 말해, 전달하고자 하는 내용과 상대의 이해 정도를 고려해 말을 고르지 않아서다.

하지만 일을 잘하는 사람들은 자신의 뜻을 온전히 전달한다. 그들은 가장 적절한 말을 골라서 상대가 말을 듣고 싶게끔 만든다. 또한 보이지 않는 곳에서 항상 3가지 의사소통 문제에 주의한다.

1. 말의 의미를 이해하지 못한다

앞에서도 이야기했듯, 말할 때는 상대방이 이해할 수 있는 단어를 써야 한다. 가령, 청소년 고객에게 "설문 결과를 수렴하겠습니다"라고 하면 이해하지 못하는 경우도 있을 것이다. 참고로 '수렴'은 하나로 모아 정리한다는 뜻이다.

하지만 이보다 더 큰 문제가 있다. 단지 단어의 뜻을 모를 뿐이라면 쉬운 단어를 쓰면 된다. 진짜 문제는 그 말이 의미하는 상황을 경험해본 적이 없는 경우다.

예를 들면, '노력하면 보상받는다'라는 말은 열심히 노력해본 적이 없는 사람, 노력해도 보상받은 적이 없는 사람은 이해할 수 없다. '내 말대로 하면 잘된다'라는 말도 마찬가지다. 그 사람 말대로 해본 적이 없는 사람, 말을 따랐지만 잘된 적이 없는 사람은 그 말을 이해할 수 없다.

다시 말해, 상대방의 배경과 이해 수준을 파악하면 말하고자 하는 바를 정확하게 전달할 수 있다.

2. 말의 의미를 오해한다

이 경우는 주로 정치인이나 조직 지도부의 실언이 스캔들로 이어질 때 발생한다. 차별한다거나 약자를 무시한다는 비판을 받는 일도 많다. 당사자는 오해라며 진심이 전달되지 않았다고 말하지만, 소통의 본질을 고려하지 않은 변명일 뿐이다. 의사소통에서 오해가 발생하면 말한 사람의 책임이 크다.

말의 의미를 오해하는 경우는 앞서 본 경우보다 더욱더 좋지 않다. 의미를 모른다면 "모르겠다"라고 솔직히 말하거나 그 말을 무시할 수도 있지만, 오해는 의도하지 않은 행동을 불러일으키기 쉽다. 따라서 오해를 사지 않도록 반드시 상대방에게 제대로 이해했는지 항상 물어보고 확인해야 한다.

특히 공개 석상이나 세미나처럼 듣는 사람이 어떻게 이해했는지 확인하기 어려운 곳에서는 매우 주의해야 한다. 오해가 생기면 예상치 못한 결과로 돌아올 수도 있다.

3. 무슨 말인지는 알지만 이해하고 싶지 않다

앞에서 말했듯, 직장인의 대화에는 요구 사항이 포함된다.

그런데 잘못된 방식으로 요구하면 '무슨 말인지는 알지만 하고 싶지 않다'라는 감정을 일으킨다. 더 나아가 의도적으로 그 요구를 무시하게 만든다. 이때 중요한 것이 '딜리버리 스킬Delivery skill'이라는 전달 기술이다. 이는 메시지를 효과적으로 전달하기 위해 목소리 톤이나 말의 속도를 조정하고 표정과 몸짓을 활용하는 등의 기술을 말한다.

간혹 고압적인 태도나 무시하는 태도로 소통하는 관리자들을 본다. 이런 태도는 상대를 지배하려는 행동으로 받아들여지기 때문에 주의해야 한다.

일을 잘하는 사람들은 항상 어떻게 말할지 고민한다. 상대방이 제대로 들으려는 자세를 갖추게끔 노력해야 의사소통에 문제가 생기지 않기 때문이다.

일을 잘하고 싶다면 내가 말하고 싶은 대로 말하지 마라. 상대가 내 말을 경청하고 제대로 이해하고 싶게끔 만들어라.

일을 잘하는 사람들은 보이지 않는 곳에서 소통의 문제를 방지한다. 다음 3가지 문제를 주의하자.
1. 말의 의미를 이해하지 못한다.
2. 말의 의미를 오해한다.
3. 무슨 말인지는 알지만 이해하고 싶지 않다.

의견이 다른 상대를
이기려고 하지 마라

"제가 옳은 말을 해도 상대가 이해하지 못할 때는 어떻게
하면 좋을까요?"

하루는 이런 질문을 받았다. 정말 답답하다는 표정을 보
니 일화가 하나 떠올랐다.

어느 대기업을 방문했을 때의 일이다. 나는 중요한 회의
에 참석했다. 향후 부서의 방침에 관한 회의였는데, 방향성
을 놓고 갈등이 예상되었다. 예상대로 회의를 시작하자마자
열띤 토론이 벌어졌다.

그런데 그중 한 사람이 눈에 띄었다. 열변을 토하는 젊은
과장이었다. 그 과장은 부진한 실적을 끌어올리기 위해 준비

한 계획을 열심히 발표했다.

영화라면 '그 계획에 감동한 부서원 전체가 한마음이 되어……'라는 식의 전개가 펼쳐졌겠지만, 현실은 냉혹했다. 과장의 발표가 끝나자 부정적인 의견이 쏟아졌고, 회의는 지지부진했다.

사실 나는 충분히 시도해볼 만한 계획이라고 생각했다. 하지만 보수적인 다른 임원들은 좀처럼 동의하지 않았다. 결국, 부장은 잠시 쉬자고 하곤 다른 방으로 과장을 불렀다. 부장은 미소를 띤 채 말했다.

👤 부장　열심히 하는군. 자네가 의욕적이라는 사실은 다들 잘 알 거야.

👤 과장　네, 그런데…….

👤 부장　그런데?

👤 과장　왜 다른 과장님들은 저렇게 머리가 굳어 있을까요? 화가 나네요. 조금만 생각해보면 좋은 계획이라는 걸 알 수 있을 텐데 말이죠.

평소에는 온화한 과장이지만 언짢은 기색이 역력했다. 부장은 과장에게 차분하게 말했다.

👤 부장 자네가 옳은 말을 하는데도 어째서 모두 듣지 않는 걸까?

👤 과장 네? 그야 저들이 변하기 싫어서겠지요. 아니면 게을러서 그런 거 아닐까요?

부장은 아무런 답을 하지 않았다. 입을 꾹 다문 부장의 모습이 답답한지 과장은 간절한 목소리로 말했다.

👤 과장 제발 다른 사람들을 좀 설득해주세요, 부장님!

과장의 부탁에 다시 생각에 잠겼던 부장이 마침내 과장을 쳐다봤다.

👤 부장 자신과 의견이 다른 사람들에게 보통 3가지로 반응하지. 알고 있나?

👤 과장 무슨 말씀이세요?

👤 부장 첫 번째는 지금 자네처럼 상대를 '적'으로 간주하는 반응이지. 이렇게 반응하는 사람들은 어느 한쪽이 쓰러질 때까지 싸운다네.

👤 과장 ……..

👤 부장 　두 번째는 '포기'야. 요컨대 '이해하지 못하니까 그냥 그만두자'라면서 포기하는 거지. 무책임해.

👤 과장 　…….

👤 부장 　알겠지? 난 둘 다 원하지 않네.

👤 과장 　그럼 어떻게 해야 하죠?

👤 부장 　세 번째 반응을 취하는 거야. 세 번째는 어떻게 해야 할지 알겠지?

👤 과장 　부장님이 전에 말씀하셨던 방법 말인가요?

👤 부장 　역시 잘 알고 있군. 내가 전에 뭐라고 했지?

👤 과장 　상대방의 의견을 합리적이라고 생각하고, 제 의견에 스스로 반론해보라고 하셨습니다. 그렇게 하면 상대방의 생각을 알 수 있다고요. 그리고 그것을 바탕으로 다음 의견을 제시하라고 하셨습니다.

👤 부장 　잘 기억하고 있군.

👤 과장 　하지만…….

👤 부장 　'하지만'이라고 덧붙이지 말고 일단 해보게! 해보지 않으면 알 수 없어.

　그리하여 회의는 다시 시작되었다. 과장은 자기 계획에 반대했던 사람들에게 이렇게 말했다.

👤 과장   제 의견만 고집해서 죄송합니다. 어쩌면 여러분은
제 계획에서 ○○라는 걱정을 하시는 게 아닌가 싶
습니다. 저도 다시 살펴보니 그런 걱정을 충분히 하
실 수 있겠다는 생각이 들었습니다.

그러자 반대파 중에 한 사람이 입을 열었다.

👤 반대파   그렇게는 생각하지 않지만, 나는 어쩌면 △△가 필
요하지 않을까 생각할 뿐이네.

👤 과장   △△말이군요……. 왜 그렇게 생각하시나요?

👤 반대파   예전에 나도 그 방법을 시도한 적이 있어. 그때 □□
했어서 필요하다고 생각해.

정확히 한 시간 뒤, 모두 밝은 표정으로 회의를 마쳤다. 의
견은 잘 정리되었고, 과장은 보람을 느끼는 듯했다.
부장은 만족스러운 얼굴로 내게 말했다.

👤 부장   재밌지 않나요? 의견이 다른 상대방을 흔히 적으로
보는데, 사실 그들도 합리적인 사람입니다. 이 점을
잊지 않으면 대화의 길은 열려 있지요.

일을 잘하는 사람들은 상대를 이기려고 하지 않는다. 그들의 의견 역시 합리적이라고 생각한다. 그렇게 자기 의견에 부족한 부분을 보충해 더 완벽한 결과물을 낸다. 그러니 '옳고 그름'은 일단 제쳐두자.

TIP 일을 잘하는 사람들은 보이지 않는 곳에서 상대의 반론을 예측한다. 그리고 이를 토대로 더 완벽한 성과물을 완성한다.

일 잘하는 사람들이 보이지 않는 곳에서 반드시 하는 것

뛰어나려 하지 말고
맡은 일을 '제대로' 해라

일을 잘하는 사람은 누구일까?

단숨에 매출을 3배 끌어올리는 사람? 대규모 프로젝트를 성사시키는 사람? 트렌드에 맞는 신제품을 빠르게 출시한 사람? 물론 이들 모두 일을 잘하는 사람이다.

하지만 일을 잘하는 사람의 정의는 이렇게 거창하지 않다. 그저 맡은 일을 '제대로' 할 줄 알면 충분하다. 나는 이 사실을 신입사원 시절에 존경하는 상사에게 배웠다.

일을 잘하는 사람들에게는 맡은 일을 제대로 하는 8가지 비밀이 있다. 물론 이때 기본은 함께 일하는 사람과 효율적으로 소통하는 것이다. 그렇다면 지금부터 그 비밀을 하나씩 살펴보겠다. 어려운 것은 없으니 꼭 기억하기를 바란다.

1. 마감일을 확인한다

어떤 일이든 무조건 제때 끝내야 한다. 마감일을 넘기면 아무리 결과물이 좋아도 신뢰를 잃을 수밖에 없다. 기회는 믿을 수 있는 사람에게 주어지는 법이다. 또한 마감일은 책임감과 전문성을 평가할 수 있는 중요한 기준이기도 하다. 그래서 일을 잘하는 사람들은 마감일을 꼭 지킨다.

2. 일을 맡긴 사람이 원하는 방향을 알아낸다

일을 맡기는 사람이 원하는 결과물을 명확히 밝히는 경우는 드물다. 결과물을 고민하는 데 많은 시간이 걸리기 때문이다. 그래서 믿을 수 있는 사람에게 일을 맡기고 기다린다. 따라서 일을 받으면 상대방과 대화하면서 원하는 방향을 알아내자.

예를 들어, 선례를 요청해서 세부 사항을 파악하는 방법도 좋다. 또한 '이 일의 목적'을 구체적으로 물어보는 것도 효과적이다. 목적을 알면 가야 할 방향을 알 수 있다.

원하는 방향을 알아냈다면 이미 일이 절반쯤 끝난 것이나 다름없다.

　　　　　일 잘하는 사람들이 보이지 않는 곳에서 반드시 하는 것

3. 업무를 분담한다

지금 막 요청받은 일은 큰 바윗덩어리와 같다. 그대로 두면 처리할 수 없고, 도움을 구할 수도 없다. 그러니 일을 받으면 우선 업무를 분담해야 한다. 큰 바윗덩어리를 정리하기 쉽게 쪼개는 것이다.

예를 들면, 오전과 오후에 할 일을 나누거나, 업무를 단계별로 세분화해 담당자를 배정해도 좋다.

4. 어려운 일부터 시작한다

어려운 일, 특히 어떻게 해야 할지 감이 안 잡히는 일은 생각보다 많은 시간이 걸린다. 따라서 어려운 일을 먼저 시작해야 한다. 마감일에 다다라서야 시간이 부족하다는 사실을 깨달으면 소용없다. 그때는 이미 늦었다.

5. 막히면 즉시 의논한다

일을 맡기는 사람도 모든 것을 꿰뚫고 있지는 않다. 그래서 무리한 요구를 했을지도 모른다. 안타깝게도 직접 해보지 않으면 무리한 요구인지 모르는 경우가 많다. 불가능한 일에 계속 매달리는 것은 모두에게 손해다. 그러니 일이 막히면 즉시 일을 맡긴 사람과 의논하라. 의논이 늦어지면 늦어질수록 성과는 멀어진다.

6. 일주일에 한 번은 보고한다

일을 맡기는 쪽은 항상 불안하다. 그 불안을 없애줄 책임은 일을 맡은 쪽에 있다. 그러니 적어도 일주일에 한 번은 보고하자. 이때 지나치게 생략하지 말고 적절한 정보를 공유해야 한다. 이해하기 쉽게 보고할수록 신뢰를 얻는다.

7. 혼자 처음부터 생각하지 않고 선례를 찾는다

혼자 처음부터 생각하는 것은 마치 '바퀴의 재발명'과 같다. 이미 누군가가 만든 길을 다시 만들 필요는 없다.

회사에서는 비슷한 업무가 반복된다. 그러니 먼저 선례를 찾자. 비슷한 사례가 없다면 친구나 회사 외부 사람에게 물어보자. 그래도 없다면 인터넷과 책 속에서 찾자. 반드시 찾으려는 내용이 있을 것이다.

8. 협력 요청은 서둘러 하고, 함께 일하는 사람도 지금까지 살펴본 7가지를 지키게 한다

일을 처음부터 끝까지 혼자 해내는 경우는 거의 없다. 따라서 다른 사람과 협력해야 하는 일은 가능한 한 빨리 요청하자. 이때 함께 일하는 사람도 앞에서 살펴본 7가지를 지키게 해야 한다.

일을 잘하는 사람들은 보이지 않는 곳에서 자기만의 업무 규칙을 세운다. 그리고 규칙을 지키며 맡은 일을 제대로 해낸다.
1. 마감일을 확인한다.
2. 일을 맡긴 사람이 원하는 방향을 알아낸다.
3. 업무를 분담한다.
4. 어려운 일부터 시작한다.
5. 막히면 즉시 의논한다.
6. 일주일에 한 번은 보고한다.
7. 혼자 처음부터 생각하지 않고 선례를 찾는다.
8. 협력 요청은 서둘러 하고, 함께 일하는 사람도 지금까지 살펴본 7가지를 지키게 한다.

솔직한 의견을 듣고 싶다면
상대를 편하게 만들어라

일을 잘하는 사람들은 소통을 잘한다. 그들은 자연스럽게 대화를 이끌 뿐만 아니라 긴장감마저 지우고 부드러운 분위기를 만든다. 설령 면접 자리라고 해도 말이다.

내가 아는 인사 담당자가 그랬다. 그는 사람들의 긴장을 푸는 데 정말 능숙했다. 신입 채용이든, 경력직 채용이든 잔뜩 긴장한 지원자들을 금세 편안하게 만들었다.

"긴장한 상태에서는 그 사람의 진짜 모습을 볼 수 없거든요. 그래서 전 상대의 마음을 편하게 만드는 데 집중해요."

인사 담당자는 이렇게 말했다.

일 잘하는 사람들이 보이지 않는 곳에서 반드시 하는 것

물론 말처럼 쉬운 일은 아니다. 지원자들은 일자리를 구하는 간절한 사람들이다. 마지막일지도 모른다는 마음가짐으로 면접장에 온다. 그런 사람들에게 긴장하지 말라는 것이 오히려 무리다.

하지만 인사 담당자를 만난 지원자들에게서는 긴장한 모습을 찾아볼 수 없다. 인사 담당자는 그때부터 눈이 빛난다. 진짜 면접이 시작되는 순간이다. 그때부터 인사 담당자는 각 지원자의 숨은 장점을 파악해 필요한 인재를 뽑았다. 당연히 회사에서도 일을 잘한다고 인정받았다.

그의 비밀은 무엇일까? 인사 담당자는 소통의 달인답게 비밀을 6단계로 답해주었다.

1. 큰 소리로 인사하고 한마디 덧붙인다

인사 담장자는 면접실에 들어가기 전에 마음을 여유롭게 만든다. 그리고 문을 열며 큰 소리로 인사한다. 그러면 지원자에게 매우 긍정적인 인상을 줄 수 있다. 이때 단순히 목소리만 크게 하지 않고 "좋은 아침입니다"처럼 한마디를 덧붙인다. 그러면 분위기가 한층 풀어진다.

"오늘은 날이 춥네요. 멀리서 오시느라 고생 많으셨습니다.
엘리베이터는 혼잡하지 않았나요?"

"사무실 위치는 쉽게 찾을 수 있었나요?"

"와주셔서 감사합니다. 오시는 데 시간은 얼마나 걸렸나요?"

이런 식으로 말이다.

이때 중요한 점이 있다. 아마 눈치챈 사람도 있을 것이다.
반드시 질문으로 끝내야 한다. 그러면 상대방이 자연스럽게
대답하면서 긴장이 조금 풀린다.

2. 본론으로 들어가기 전에 잡담을 나눈다

인사 담당자는 면접에 앞서 반드시 잡담을 나눈다. 날씨,
근처의 맛집, 취업이나 이직 준비 상황 등 가벼운 이야기를
나누며 분위기를 푼다.

이렇게 하면 잡담에서 면접으로 넘어가는 흐름이 자연스
러워서 마치 면접이 잡담의 연장선처럼 느껴진다. 일상 대
화를 나누다 "그럼, 이제 시작할까요? 먼저 물어보고 싶은 것
은……"이라며 면접으로 넘어가는 식이다. 그럼 지원자는 긴
장을 풀고 면접에 임할 수 있다.

3. 상대의 마음을 헤아린다

면접에 빠지지 않는 질문이 있다. 바로 '지원 동기'다. 대개는 "왜 우리 회사에 지원했나요?"라고만 묻는다. 그런데 이 인사 담당자는 질문하기 전에 '상대방의 마음을 헤아리는 한마디'를 덧붙인다.

"이직을 결심하다니 대단합니다. 괜찮은 회사를 찾는 중일 텐데요. 우리 회사에 지원한 이유는 무엇인가요?"

그러면 지원자는 '나를 이해해주네'라는 기분에 더 편하게 이야기할 수 있다.

4. 단점과 한계를 솔직하게 말한다

면접관은 당연히 회사를 좋은 곳이라고 소개하고 싶어한다. 하지만 이 인사 담당자는 자기 회사의 장점만 골라 말하지 않는다. 단점도 솔직하게 밝힌다.

> "우리 회사는 그래픽에 약한 편입니다. 디자인 능력도 부족해요. 다만, 펌웨어 개발은 잘합니다. 이러한 점을 고려해 입사하면 어떤 일을 하고 싶은지 말씀해주시겠어요?"

부족한 부분을 먼저 말함으로써 지원자도 솔직하게 답할수 있는 분위기를 만든다. 또 지원자에게 쓸데없는 기대감을 주지 않는다. 그러면 서로의 시간을 낭비하지 않아도 된다.

5. 질문에 명확하게 대답한다

간혹 지원자가 "이직률은 어느 정도입니까?"라고 물었을때 "구체적인 수치를 밝힐 수 없지만 높지는 않습니다"라고 확실한 대답을 피하는 회사가 있다. 하지만 이 인사 담당자는 다르다.

"이직률은 20퍼센트 정도예요. 주로 이직하는 이유는 ○○ 라서 개선책을 마련할 생각입니다."

이런 식으로 명확하게 대답한다. 그러면 지원자는 회사에 대한 믿음이 생긴다.

6. 질문을 충분히 받는다

마지막으로, 질문 시간을 충분하게 준비한다. 간혹 질문 시간을 의례적인 과정으로 생각하는 면접관이 있다. "궁금한 점 있나요?"라고 묻고는 시계를 보거나 책상을 정리하기도 한다. 그러면 지원자는 궁금한 점이 있어도 편하게 묻지 못한다. 인사 담당자는 이렇게 말했다.

"지원자가 대답할 때보다 질문할 때 참모습을 파악하기 쉬워요."

그래서 지원자가 질문하기 쉽도록 분위기를 조성한다. 예를 들면 이런 말을 건넨다.

"그럼, 이제부터 질문 시간을 가질 텐데요. 시간제한은 없으니 물어보고 싶은 건 전부 물어보세요. 서두르지 않아도 됩니다. 아, 겉옷은 벗어도 괜찮아요."

그러면 지원자는 긴장을 풀고 차분하게 질문할 수 있다.

사실 인사 담당자가 말한 6가지 비결은 특별히 어렵지 않다. '상대방을 충분히 배려한다'라는 소통의 기본만 실천할 뿐이다.

인사 담당자가 말해준 비결이라 면접 상황에 국한해 이야기했다.

하지만 이 6가지 방법은 팀원들과 회의할 때도 적용할 수 있다. 특히 후배 직원들과의 회의에서 유용하다. 가벼운 대화를 나누고, 프로젝트나 기획안의 장단점을 이야기하고, 질문을 받고 명확하게 답한다면 일을 잘하는 팀으로 이끌 수 있다. 무엇보다 좋은 점은 상대의 마음을 편하게 만들면 솔직한 의견을 들을 수 있다는 것이다.

일을 잘하는 사람들은 보이지 않는 곳에서 여유로운 마음을 갖춘다. 그리고 만나는 사람들을 편하게 만들어 효율을 높인다.

1. 큰 소리로 인사하고 한마디 덧붙인다.
2. 본론으로 들어가기 전에 잡담을 나눈다.
3. 상대의 마음을 헤아린다.
4. 단점과 한계를 솔직하게 말한다.
5. 질문에 명확하게 대답한다.
6. 질문을 충분히 받는다.

강한 유대감을 원한다면
진솔함을 장착하라

지인 중에 '소통의 달인'으로 불리는 사람이 있다. 그는 누구와도 금방 친해지는 능력자였다.

사실 나도 둘째가라면 서러운 소통 능력자다. 나는 오랫동안 여러 기업을 다니며 의사소통을 주제로 강의도 했다.

나는 주로 '경청하는 법'이나, '자연스럽게 맞장구치기', '프레젠테이션을 잘하는 법'처럼 바로 써먹을 수 있는 기술을 가르쳤다. 물론, 이는 기업 측의 요구에 맞춘 교육 과정이었다. 대체로 경영자들은 '직원들이 곧장 바뀔 수 있는' 교육을 원했다. 다만, 그 요구에 맞춰 강의를 준비하다 보니 나 역시 이론뿐만 아니라 실전에도 강해질 수 있었다.

하지만 소통의 달인은 강의를 들은 적도 없고, 관련 책도

일 잘하는 사람들이 보이지 않는 곳에서 반드시 하는 것

거의 안 읽었다고 했다.

그런데 그는 누구를 만나도 대화를 잘 이끌었다. 게다가 다양한 분야를 폭넓게 알아서 대화가 끊기지 않았다. 소설, 정치, 철학, 애니메이션, 게임, 아이돌, 음악, TV 프로그램 등 어느 주제든 즐겁게 대화를 나눴다.

그 덕에 새로운 거래처나 고객도 수월하게 모았다. 실적도 당연히 좋았다.

그런 그를 볼 때면 항상 '어쩜 이렇게 소통을 잘할까?' 궁금했다. 나는 어떻게든 그의 비밀을 알고 싶어서 모임에 몇 번 참석했고, 때로는 업무 자리에 초대받아 그의 모습을 지켜보았다.

처음에는 특별한 비밀을 찾지 못했다. 그저 즐거운 분위기에서 대화를 나누는 것 같았다. 하지만 몇 번 더 자리를 함께하면서 마침내 비밀을 알아냈다.

소통의 달인은 만난 사람, 특히 처음 만난 사람에게는 '취미나 좋아하는 것'을 꼭 물어봤다. 그리고 마지막에 반드시 이렇게 물었다.

"제게 추천할 만한 게 있나요? 좋은 게 있으면 알려주세요."

그러면 상대방은 기꺼이 그에게 좋아하는 것을 추천했다. 소통의 달인 역시 흥미로운 눈빛으로 귀 기울여 들었다. 그 때 나는 '좋아하는 것 묻기'가 그의 비결이라고 생각했다.

그러나 아니었다.

며칠 후 다시 만났을 때, 그는 "지난번에 추천해주신 책 재 미있게 읽었습니다"라며 이야기를 꺼냈다.

나는 깜짝 놀랐다. 단순히 분위기를 맞추려 물은 것이 아 니었다. 그는 사람을 만날 때마다 "서비스 이용해봤습니다", "그 가게에 다녀왔어요", "추천해주신 영화 봤습니다"라며 상 대가 추천해준 것에 관한 이야기를 꺼냈다. 그러면 상대는 환한 미소로 대화를 이어갔다.

그는 아주 고가의 물건이나 많은 시간을 들여야 하는 일을 제외하고는 전부 시도해봤다. 그리고 추천해준 사람을 다시 만나면 그에 대한 소감을 잊지 않고 전했다.

물론, 감상이 좋을 때도 있고 나쁠 때도 있다. 하지만 상대 방은 흔쾌히 이야기를 들었고, 그렇게 두 사람의 대화는 무 르익었다. 신뢰가 쌓인 것이다.

사람은 자기와 관심사가 비슷한 사람을 좋아한다. 그리고 자기의 관심사에 관해 초보자에게 알려주는 것은 더 좋아한 다. 일을 잘하는 사람들은 이 점을 활용해 신뢰를 얻는다.

상대가 무언가를 추천해주면 일단 시도하라. 일을 잘하는 사람들의 소통 비결은 바로 '진솔함'이다. 그러니 보이지 않는 곳에서 추천받은 것을 직접 해보고 신뢰의 씨앗을 심어라.

TIP 일을 잘하는 사람들은 보이지 않는 곳에서 신뢰의 씨앗을 심는다.

단 한 번의 추천으로
신뢰를 얻는 방법

누구에게나 새내기 시절은 있다.

나 역시 '일감을 따는' 것이 정확히 무엇인지 몰랐던 새내기 시절이 있었다. 그렇게 맨땅에 헤딩하듯 업무를 하던 어느 날, 우연히 회사의 일등 영업사원과 함께 점심을 먹을 기회가 생겼다.

나는 그의 영업 비결이 알고 싶어서 넌지시 물었다.

👤 나　　영업에 뭔가 비결 같은 게 있나요?

👤 영업사원　음……, 영업 비결은 몰라. 그런데 일을 잘하는 영업사원을 알아보는 방법은 있어.

지금 생각하면 참 어설픈 질문이지만, 그 영업사원은 진지하게 대답해주었다. 그런데 솔직히 그의 말에 의심이 들었다. 일을 잘하는 영업사원을 알아볼 수 있다니. 그는 내 표정을 보더니 숟가락을 내려놓고 나에게 물었다.

👤 영업사원   못 믿겠어? 당연히 예외도 있겠지. 하지만 대체로 맞아. 어떤 사람일 것 같아?

👤 나   상품 정보를 정확히 아는 사람인가요?

👤 영업사원   그것도 중요하지만 아니야.

👤 나   신속하게 반응하는 사람?

👤 영업사원   결정적인 부분은 아니야.

👤 나   인상이 좋은 사람인가요?

👤 영업사원   물론 인상이 좋으면 더할 나위 없겠지만, 상품을 잘 팔지는 또 다른 이야기지.

말하는 족족 모두 틀리니 당황스러웠다. 더 이상 떠오르는 답도 없었다. 답답한 마음을 아는지 모르는지 그는 그저 묵묵히 식사만 했다. 쉽게 알려주지 않을 모양이었다.

그때 문득 얼마 전 읽은 책에서 본 '제안력'이라는 단어가 떠올랐다. 나는 얼른 영업사원에게 물었다.

🧑 나　　제안력이 뛰어난 사람인가요?

🧑 영업사원　제안력이라……. 제안력이 뭔지 알고 있어?

　그는 내게 되물었다. 그러고 보니 나는 제안력이 무엇인지 정확히 몰랐다. 결국 나는 머리를 긁적이며 궁색한 대답을 내놓았다.

🧑 나　　고객이 만족할 만한 제안을 할 수 있는 사람이 우수한 영업사원 아닐까요?

🧑 영업사원　음, 틀린 말은 아니지. 그런데 고객이 만족할 만한 제안을 할 수 있는 사람인지 어떻게 알아보지? 나는 그 방법을 물은 거야. 방금 한 대답은 너무 추상적이군. 어떻게 알 수 있을까?

🧑 나　　…….

　나는 다시 생각에 잠겼다. 하지만 새로운 답은 떠오르지 않았다.

🧑 영업사원　어렵지? 그럼, 이제 답을 말해줄게.

🧑 나　　네.

👤 **영업사원** 일을 잘하는 영업사원인지는 '타사 제품이나 서비스도 추천하느냐'로 알 수 있어.

👤 **나** 타사 제품이요?

👤 **영업사원** 그래. 타사 제품도 추천하는 사람은 일을 잘하는 영업사원이야.

👤 **나** 어째서죠?

👤 **영업사원** 첫째, 고객을 잘 파악하고 있어야 딱 맞는 제품을 추천할 수 있어. 둘째, 고객에게 오래오래 신뢰받을 수 있는 행동이야. 이 사실을 알고 있는 거고. 셋째, 경쟁사를 깊이 연구한다는 뜻이기도 해.

물론 억지로 자사 제품을 사게 하면 안 된다. 하지만 굳이 타사 제품을 추천까지 해야 할까?

👤 **영업사원** 사실 고객의 입장에선 당연한 거야. 고객은 '가장 좋은 서비스'를 알고 싶을 테니까. 그걸 알려줄 수 있어야 진정으로 훌륭한 제안력을 갖춘 셈이지.

👤 **나** 물론 그렇지만, 그렇게 하면 영업 실적이 안 오르잖아요.

👤 **영업사원** 정말 일을 잘하는 영업사원은 그 정도로 쩨쩨하

게 굴지 않아. 내가 아는 일등 영업사원은 자기 회사뿐만 아니라 여러 회사의 제품 소개서를 가지고 다니면서 고객의 요구에 맞는 상품을 제안해. 나도 그렇고.

👤 나   그렇군요.

👤 영업사원   고객에게 잘 맞는 타사 제품이 있는데, 억지로 자사 제품을 팔려고 해봐. 우리 제품을 더 그럴듯하게 포장하기 위해 불필요한 설명까지 하겠지? 아니면 '최고'라는 둥 '우수함'이라는 둥 화려한 단어만 나열하게 될 거야.

👤 나   그렇겠네요…….

👤 영업사원   하지만 그러면 고객은 오히려 자사 제품의 장점을 알기 어려워. 너무 많은 정보와 추상적인 표현만 들었으니까.

하지만 자사의 제품과 타사의 제품을 함께 소개하면 어떨까? 고객이 좋아할 장점만 딱 골라서. 각 상품의 매력을 쉽게 알 수 있겠지? 물론 상품을 비교하고 결정하는 건 고객의 몫이지만, 나에 대한 믿음이 생길 거야. 그러면 더 이상 상품을 팔려고 무리하게 영업할 필요도 없어.

    일 잘하는 사람들이 보이지 않는 곳에서 반드시 하는 것

그 후로 나는 영업사원의 추천에 만족하지 않을 때 영업사원이 어떻게 반응하는지 본다.

억지로 자사 제품을 밀어붙이는지, 아니면 타사 제품이라도 좋은 제품을 추천하는지 말이다. 그러면 일을 잘하는 영업사원에게 추천을 받을 수 있다.

TIP   일을 잘하는 사람들은 보이지 않는 곳에서 경쟁사의 제품을 분석한다.

4장

일 잘하는 사람은 핵심을 정확히 파악한다

통찰력

왜 똑똑한데
성공하지 못할까?

세상에는 '똑똑한 일반인'이 많다. 내 경험으로는 대기업 직원, 관공서 직원, 연구원뿐만 아니라 소위 말하는 '사士자 직업'을 가진 사람 중에도 많았다.

똑똑한 일반인은 보통 다음과 같은 특징을 갖고 있다.

- 대체로 학벌이 좋다. 세계적인 명문대를 나온 사람도 많다.
- 대화를 나누면 예리하고 머리가 좋은 게 느껴진다.
- 나름대로 잘나가지만, 회사에서 부문장까지는 올라가지 못한다.
- 이름을 날릴 만큼 눈에 띄는 성과를 내지는 않았다.

사실 똑똑한 것과 성공은 별개다. 똑똑함은 여러 능력 중

하나일 뿐이라서 그것만으로는 성공할 수 없다.

물론 '크게 성공할 욕심은 없어. 그저 평온하게 살고 싶어'라는 사람도 많다. 나도 그걸로 충분하다고 생각한다. 각자의 가치관에 맞는 삶을 살면 된다.

그러나 슬픈 경우는 성공을 간절히 원하지만 이루지 못한, '똑똑한 일반인들'이다. 그들은 주로 이런 말을 하면서 이직만 반복한다.

"주변 사람들이 무능해서 내 말을 못 알아들어."
"이런 것도 모르다니 정말 멍청한 놈들이야."
"이따위 회사 내가 그만두겠어."

그런데 그들의 말은 대개 사실이다. 대체로 똑똑한 사람들은 상황을 예리하게 분석한다. 문제를 파악하는 능력이 뛰어나기 때문이다. 다만, 성공을 위한 통찰력이 부족하다.

내가 만난 한 보험사 직원도 마찬가지였다. 그는 매우 똑똑해서 문제가 생기면 금세 해결법을 찾아냈다. 그의 뛰어난 능력에 감탄할 때도 많았다. 하지만 안타깝게도 그 사람은 좀처럼 성공하지 못했다.

왜 그토록 똑똑한 사람이 성공하지 못하는 걸까?

그동안 만났던 일을 잘하는 사람들과 비교해본 결과, 원인은 5가지였다.

1. '용기'를 내지 않는다

큰 성과를 얻으려면 반드시 도전해야 한다. 물론, 위험 부담이 클 때는 누구나 도전을 망설이게 된다. 그러나 도전하지 않는다면 성과를 낼 수 없다. 일을 잘하는 사람들은 용기를 내서 도전하고 끝내 좋은 성과를 얻었다.

2. 도움을 요청하는 데 서툴다

똑똑한 사람은 대개 도움을 요청하는 데 서툴다. 문제를 혼자서 해결할 수 있기 때문이다. 물론, 혼자 해결할 수 있을 때는 도움을 요청할 필요 없다. 하지만 일의 규모가 커지면 이야기는 달라진다. 해결해야 할 업무도 많고, 시간에도 쫓기기 때문이다. 이럴 때마저 도움을 요청하는 데 서툴다는 이유로 혼자 끙끙대면 좋은 성과를 낼 수 없다.

게다가 성공하려면 다른 사람과의 관계도 중요하다. 서로 도우면서 관계가 돈독해지기도 하니 적절히 도움을 요청하자.

3. 주변에서 두려워한다

사람들은 단순히 똑똑하다는 이유로 누군가를 따르지 않는다. 사람들이 얼마나 따를지는 태도로 결정된다. 특히 능력이 부족한 사람을 대하는 태도가 중요하다.

어느 미디어 회사에 똑똑한 사람이 있었다. 그런데 모든 직원이 그를 따르지 않았다. 회의에서 변변찮은 제안을 한 사람에게 과도하게 지적했기 때문이다.

회의가 끝나고 '의견이 미흡했지만, 그 사람의 지적은 가혹하다'라는 소문이 회사에 자자하게 퍼졌다. 그러자 직원들은 혹시나 지적받을까 봐 두려워하며 그를 멀리했다.

4. 타인에게 별로 기대하지 않는다

'기대'는 사람을 움직인다. 일을 잘하는 사람들은 이 사실을 안다. 그래서 다른 사람과 함께 일할 때면 상대를 믿고 기대한다는 말을 넌지시 건넨다.

하지만 똑똑하기만 한 사람은 다른 사람에게 별로 기대하지 않는다. 심지어 '상대가 이 일을 나보다 더 잘할 수는 없다'라고 생각한다. 자신의 능력이 뛰어나니 그럴지도 모른다. 하지만 이런 태도는 성공을 멀어지게 만들 뿐이다. 함께 일하는 사람이 좋은 결과물을 내야 최종 성과의 완성도를 높일 수 있다.

5. 똑똑함을 지나치게 중요시한다

사람은 누구나 강점이 있다. 그런데 머리가 좋은 사람은 '똑똑함'을 과대평가하곤 한다. 똑똑함은 성공의 필수 조건이 아니다. 물론 얼마나 똑똑하냐에 따라 성공의 정도가 달라질 수도 있다. 하지만 성공을 결정짓는 보다 강력한 조건은 '행동력'이다.

일을 잘하는 사람들은 보이지 않는 곳에서 성공의 방해 요소 5가지를 없앤다.
1. '용기'를 내지 않는다.
2. 도움을 요청하는 데 서툴다.
3. 주변에서 두려워한다.
4. 타인에게 별로 기대하지 않는다.
5. 똑똑함을 지나치게 중요시한다.

어떤 일이든 잘하고 싶다면 8가지 능력을 키워라

나는 컨설팅 회사에서 12년 동안 근무했다. 입사 후 4년 차에 관리직이 되었고, 그 이후 줄곧 후배 직원에게 일을 가르쳤다.

처음에는 구체적인 업무 절차와 방법만 알려줬다. 일하는 방법만 가르치는 것이 내 역할이라고 생각했기 때문이다. 그러나 일하는 방법만 알려주니 후배 직원이 크게 성장하지 못했다.

그래서 '일을 잘하기 위해 갖춰야 할 8가지 비밀 기술'을 알려주기로 마음먹었다. 그동안 만난 일잘러들과 유능한 선배들에게 배운 비법이었다. 다행히 그 뒤로 후배 직원들은 모두 일을 잘하는 사람으로 성장했다. 지금부터 일을 잘하기 위한 8가지 비밀 기술을 하나씩 소개하겠다.

일 잘하는 사람들이 보이지 않는 곳에서 반드시 하는 것

1. 시간 관리

직장인에게 시간 관리는 생명이다. 아무리 능력 있는 사람도 시간을 못 지키면 인정받기 어렵다. '신뢰할 수 없는 사람'이라는 꼬리표가 붙기 때문이다. 그리고 신뢰를 잃은 순간, 새로운 기회나 성공 가능성도 멀어지고 만다.

그렇다면 어떻게 시간을 잘 관리할 수 있을까? 시간 관리의 핵심은 '효율적인 활용'에 있다. 그래서 나는 항상 효과적인 시간 활용법을 먼저 가르친다.

예를 들어, 마감일에서부터 거꾸로 계획을 세우는 '역방향 계획법', 시간이 오래 걸리고 어려운 일을 먼저 처리하는 'Eat the Frog' 등이 있다.

2. 문장력

회사에서는 다양한 글을 쓴다. 메일, 보고서, 제안서, 회의 자료 등 매일 다른 미션이 주어진다. 그만큼 문장력은 일을 잘하는 사람들의 필수 능력이다.

"굳이 일 때문에 글쓰기까지 연습해야 하나요?"라고 묻는 사람도 있다. 상상해보자. 트렌드 분석 보고서를 장황하게 늘어놓기만 한다면 어떨까? 고객 문의에 어려운 용어를 잔뜩 써서 답한다면?

보고서는 반려될 것이고, 고객은 다시 문의를 남길 것이다. 기껏 공들여 일했지만 결국 처음부터 다시 해야 한다.

그래서 일을 잘하는 사람들은 글쓰기에 공을 들인다. 두 번 일하지 않기 위해서!

문장력을 키우는 방법은 다양하다. 나는 그중에서 회의 자료나 세미나 자료를 짧게 요약하는 연습을 추천한다.

이렇게 하면 업무 내용을 머릿속에 정리하는 동시에 문장력도 키울 수 있다. 또 거래처 직원이나 상사와 나눈 대화를 글로 정리해보는 연습도 좋다. 대화를 글로 옮기다 보면 핵심만 쉽게 파악할 수 있다.

3. 토론

완성도 높은 결과물은 서로 의견을 주고받는 과정을 거쳐야 나온다. 이때 피할 수 없는 것이 바로 토론이다.

흔히 토론을 상대의 의견을 꺾는 과정이라고 오해하곤 한다. 그러나 일을 잘하는 사람들은 상대를 이기기 위해 힘을 쏟지 않는다. 토론의 목적은 '더 나은 결과 도출'이라는 사실을 알기 때문이다.

그래서 일을 잘하는 사람들은 자신의 의견을 상대에게 논리적으로 이해시키는 데 집중한다.

가장 좋은 연습법은 '자주 토론하기'다. 만약 혼자 토론 실력을 키우고 싶다면, 1분 안에 핵심 주장 말하기, 내 의견에 반론해보기, 예상 질문을 뽑고 답하기 등을 하면 좋다.

4. 회의 진행

누구나 회의를 진행해야 하는 순간이 온다. 그래서 나는 신입사원에게도 '회의 진행자' 역할을 연습시킨다.

진행자는 회의를 활발하게 이끌고, 모두의 의견을 끌어내야 한다. 그러기 위해 논의 주제별 시간 배분 연습, 회의 진행 대본 작성, 발언 끊기 연습 등을 하면 좋다.

그러면 '논의가 제자리걸음이니 이 사람에게 물어보자', '저 사람은 발언 시간을 넘겼으니 이쯤에서 끊어야겠다'처럼 진행하는 능력을 키우게 된다. 또한 회의 참석자로 참여할 때도 매우 유용하다.

5. 발표력

'프레젠테이션'이라는 단어만 봐도 긴장하는 사람들이 있을 것이다. 특히 신입사원들은 떨리는 목소리로 인사도 겨우 한다.

일을 잘하려면 발표력이 중요하다. 발표자가 긴장해서 우왕좌왕하면 핵심이 전달되기 어렵다. 다행히 연습의 힘은 강하다. 6개월 정도면 누구나 능숙하게 발표할 수 있다.

연습법은 아주 간단하다. 발표 내용을 외우고 연습, 연습, 또 연습한다. 카메라로 촬영해 시선 처리나 목소리 톤까지 다듬는다면 금상첨화다. 충분한 연습으로 자신감이 생기면 어디서든 성공적으로 발표할 수 있다. 기억하라. 연습은 자신감을 쌓는 가장 확실한 방법이다.

6. 독해력

일을 잘하는 사람들은 많은 자료를 읽어도 핵심을 정확히 파악한다. 뛰어난 독해력 덕분이다.

독해력을 키우는 가장 좋은 방법은 역시 독서다. 나는 후배 직원들과 '한 달에 책 5권 읽기'를 했다. 단편 소설이든, 두꺼운 이론서든 각자 읽고 싶은 책을 읽었다. 틈틈이 읽은 책에 관한 감상을 발표하며 의견을 나누기도 했다.

그동안 글을 많이 읽지 않은 사람이라면 한 달에 책 1권 읽기, 매일 기사 5개 읽기처럼 자기만의 목표를 세워라. 목표를 높게 잡을 필요는 없다. 단, 꾸준히 지켜야 한다.

7. 스스로 생각하는 힘

나는 후배 직원에게 "자네는 어떻게 생각하나?"라는 질문을 자주 했다. 일을 잘하기 위해서는 스스로 생각하는 힘을 길러야 하기 때문이다.

가장 쉽게 할 수 있는 연습은 '상사에게 질문하기 전에 자신의 의견 정리하기'이다. 그 과정에서 문제가 무엇인지, 대안과 해결법은 어떤 게 있는지 고민할 수 있다.

8. 회식 매너

최근에는 회식 분위기가 많이 바뀌었다. 과한 음주를 지양하고 점심 회식을 하는 곳도 늘어나는 추세다.

그렇더라도 회식 매너를 미리 알아두면 갑작스럽게 거래처와의 회식 자리가 생겨도 당황하지 않을 수 있다. 특히 업무 특성상 외부 사람과 회식이 잦다면 미리 매너를 익혀두는 게 좋다.

가장 기본적인 매너는 술을 적당히 마시는 것이다. 술을 마시고 실수해서 업무에 문제가 생기는 경우도 더러 있다. 또한 윗사람에게 술을 받을 때는 두 손으로 잔을 받기, 다른 사람의 취향을 고려해 음식 주문하기, 음식 덜어주기 등 예의를 지켜야 한다.

이러한 매너를 익혀두면 평소의 식사 자리에서도 좋은 매너를 유지할 수 있다.

개인적으로 회식 자리는 별로 좋아하지 않는다. 싫으면 안 가도 된다고 생각하지만, 빠질 수 없는 자리라면 매너를 지켜 좋은 인상을 남겨라.

일 잘하는 사람들이 보이지 않는 곳에서 반드시 하는 것

일을 잘하는 사람들은 보이지 않는 곳에서 8가지 역량을 키운다.

1. **시간 관리:** 역방향 계획법, Eat the Frog
2. **문장력:** 회의 자료를 짧게 요약하기, 대화를 글로 간결하게 정리하기
3. **토론:** 자주 토론하기, 자기 의견에 반론해보기
4. **회의 진행:** 주제별 시간 배분 연습하기, 발언 끊는 연습하기
5. **발표력:** 발표 내용을 외워서 연습하기, 영상을 촬영해 부족한 부분 다듬기
6. **독해력:** 목표를 정하고 꾸준히 글 읽기
7. **스스로 생각하는 힘:** 상사에게 질문하기 전에 자신의 의견 정리하기
8. **회식 매너:** 술은 적당히 마시기, 예의 지키기

목표 달성보다 값진
실패도 존재한다

어느 회사나 '목표 달성'이라는 말을 쓴다. 직원들을 독려하기 위해 사용하는 듯하지만, 늘 한 가지 의문이 있었다.

'항상 목표를 달성하는 사람을 믿을 수 있을까?'

분명 경영자의 입장에서 매번 목표를 달성하는 직원은 고마운 존재다. 월급을 올려주거나 상여금을 두둑하게 챙겨주고 싶을 것이다.

하지만 한편으로는 '목표가 낮아서 항상 목표를 달성할 수 있는 것 아닐까?'라는 생각도 든다.

한 회사에서 인사 평가 제도를 논의하던 중 '목표의 난이도'에 관해 이야기한 적이 있다.

목표 달성의 정도에 따라 상여금과 다음 해의 연봉 인상률을 결정하는 회사였다. 그곳의 경영자는 직원이 목표를 달성하지 않으면 곤란하다고 했다.

하지만 문제가 있었다. 목표가 너무 낮으면 회사의 이익이 나지 않고, 목표가 너무 높으면 직원들의 의욕이 떨어진다. 그래서 매년 부문장들은 '가까스로 달성할 만한 목표'를 세우느라 고심했다.

다행히 각고의 노력으로 매년 직원 대부분이 목표를 달성했다. 경영자는 자신의 신념이 옳다고 확신했다.

그러나 몇 년 뒤, 상황은 완전히 달라졌다. 이 회사의 상품은 진부해졌고, 업계를 뒤흔들 새로운 상품도 나오지 않았다. 당연한 일이다. 목표를 달성하지 못하면 회사에서 설 자리가 사라지니 아무도 위험한 도전을 하지 않았다.

경영자는 홀로 "신사업을 해보겠다"며 큰소리쳤지만, 그마저도 여의치 않았고 결국 사업 규모를 줄일 수밖에 없었다.

물론, 목표 달성이 노력의 증거임은 분명하다. 하지만 매번 목표를 달성하는 사람이나 조직이 있다면, 일하는 방식을 의심해봐야 한다. 실패할 수 없는 상황만큼 인간을 보수적으로 만드는 것은 없기 때문이다.

일을 잘하는 사람은 목표를 달성하는 데에만 집중하지 않는다. 더 완성도 높은 성과, 새로운 결과물을 내는 데 노력을 기울인다. 한마디로 자기만의 목표가 따로 있는 셈이다.

《혁신기업의 딜레마》로 유명한 고(故) 클레이턴 크리스텐슨 Clayton M. Christensen 교수가 지적한 바와 같이, 대기업에서 혁신이 일어나기 어려운 이유는 바로 '실패를 꺼리기' 때문이다.

인사 평가에서 실패는 치명적이다. 다시 말해, 무난하게 목표를 달성하는 편이 좋은 평가를 받기 때문에 혁신이 일어나기 어렵다고도 할 수 있다.

하지만 자기만의 목표를 향해 도전하다가 마주한 실패는 값지다. 자기 안에 있는 새로운 가능성을 찾고, 그 과정을 통해 성장한다는 점에서 실패는 결국 중요한 경험이 된다. 즉, 실패는 단순히 좌절이 아니라, 다음 단계로 나아가기 위한 발판인 셈이다.

도전해서 성과를 낼 수 있는지는 확률 문제다. **꾸준히 도전한 사람만이 성과를 올릴 수 있다.** 도전하지 않고 편하게 얻은 성과는 가짜에 불과하다.

TIP **일을 잘하는 사람들은 보이지 않는 곳에서 자기만의 목표를 세우고 도전한다.**

출세를 위한
가장 현실적인 방법

회사에서 출세하고 싶은가?

가치관에 따라 다르게 답하겠지만, 놀랍게도 "전혀요"라고 대답하는 사람이 꽤 많다.

그러나 30대까지는 괜찮을지 몰라도, 40대~50대에도 출세하지 못하면 조금 힘들다. 월급도 오르지 않고 하고 싶은 일도 할 수 없다. 무엇보다 주변에서 '능력 없는 사람'으로 보는 시선에 깊은 상처를 입는다. 누구도 그런 일을 원하지 않을 것이다.

그런데 정작 출세할 방법에 대해서는 진지하게 이야기하지 않는다. 아니, 오히려 잘못된 정보가 퍼졌다고 봐야 할지도 모른다.

일 잘하는 사람들이 보이지 않는 곳에서 반드시 하는 것

얼마 전, 어느 상장 기업에 연수를 갔다. 나는 강의를 시작하며 "출세하려면 무엇이 필요합니까?"라고 물었다. 만약 당신이 이 질문을 받는다면 뭐라고 답하겠는가?

가장 먼저 나온 대답은 '능력 향상'이었다. 좀 더 구체적으로 물어보니 영어 실력이나 기획력, 프레젠테이션 능력 등 업무 기술에 관한 것이 대부분이었다. 그밖에 '상사에게 잘 보이기', 심지어는 '운'을 답한 사람도 있었다. 물론, 이러한 요소들도 중요하다.

하지만 영어 실력 같은 능력은 출세를 좌지우지하는 결정적인 요인이 아니다. 최선을 다해 능력을 키우고 상사에게 잘 보여도 출세는 별개의 문제다.

그렇다면 일을 잘하는 사람들은 출세를 위해 어떤 노력을 할까? 미국의 경영학자 피터 드러커Peter Drucker의 말에서 힌트를 찾을 수 있다.

"현실은 직장 드라마와는 다르다. 원칙적으로 후배 직원이 무능한 상사를 밟고 올라가서 승진과 명성을 얻는 일은 일어나지 않는다.

만약 상사가 승진하지 못하면 후배 직원은 그 상사의 뒤에서 발목을 잡힐 뿐이다.

설령 상사가 무능해서 해고되어도 유능한 차석이 그 뒤를 잇는 경우는 드물다. 외부 사람이 후임으로 들어온다. 게다가 그 새로운 상사는 자신을 따르는 유능한 젊은 인재를 데리고 온다.

그러니 승진이 빠른 뛰어난 상사 밑에서 일하는 것만큼 성공에 도움되는 것도 없다."

《피터 드러커 자기경영노트》, 피터 F. 드러커 지음, 한국경제신문사(2024)

간단히 말해서 상사가 출세해야 나 역시 출세할 수 있다는 뜻이다. 설령, 어리석고 인망이 없고 후배 직원을 위해 아무것도 하지 않는 상사라 할지라도 말이다.

만화를 예로 들어보자. 승승장구하는 샐러리맨의 성장을 그린 〈시마 시리즈〉를 본 적 있는가? 여기에서 주인공인 시마 고사쿠는 상사가 사장의 자리까지 오른 덕에 자신도 사장이 될 수 있었다.

그리고 폭주족 출신의 주인공이 샐러리맨으로 활약하는 이야기를 그린 만화, 《멋진 남자 김태랑》. 이 만화에서 회사의 창업자인 야마토 모리노스케는 김태랑을 자신의 건설사에 입사시킨다.

비록 만화는 허구이지만 사람 사는 이야기를 담고 있다.

일 잘하는 사람들이 보이지 않는 곳에서 반드시 하는 것

만화와 비슷한 일들이 실제로도 가끔 일어난다는 뜻이다.

그렇다면 일을 잘하는 사람들은 출세를 위해 보이지 않는 곳에서 무엇을 할까? 앞서 인용한 피터 드러커의 말은 다음과 같이 이어진다.

> "후배 직원은 대개 상사를 '쇄신'시키고 싶어 한다. 행정부의 유능한 고위 관료는 신임 장관의 지도 역할을 자처한다. 그리고 오로지 한계를 극복하게 만드는 데 집중한다.
>
> 반면 성과를 내는 관료는 '신임 장관이 할 수 있는 일은 무엇인가?'라고 질문한다. 만약 '의회, 백악관, 그리고 국민과 좋은 관계를 형성하는 데 능숙하다'라는 답을 얻으면, 고위 관료는 신임 장관이 그런 능력을 발휘하도록 돕는다.
>
> 최고의 행정력과 정책도 정치적 수완이 뒷받침되지 않으면 쓸모없는 것이 되기 때문이다. 일단 신임 장관은 휘하 관료들이 자신을 도우려고 한다는 사실을 알면, 곧 관료들이 제안하는 정책과 행정에 충분히 귀를 기울일 것이다."

《피터 드러커 자기경영노트》, 피터 F. 드러커 지음, 한국경제신문사(2024)

상사를 바꾸기란 쉽지 않다. 하지만 상사가 성과를 내도록 도울 수는 있다.

일을 잘하는 사람들은 여기에 집중한다. 자신의 자리를 직접 만드는 셈이다. 먼저, 상사가 어떤 능력을 지녔는지 파악해보라. 그런 다음 그 능력을 발휘할 수 있게끔 진심을 다해 도와라.

그렇다고 상사의 일을 대신 도맡을 필요는 없다. 자신이 그 자리에 오를 수 있을 만큼 도우면 충분하다.

 일을 잘하는 사람들은 보이지 않는 곳에서 자신이 오를 길을 개척한다.

간절하게
'왜'를 고민하라

'N잡러'라는 말이 더 이상 낯설지 않다. 월급 외에 다른 수입 원을 찾는 직장인들이 급증하면서, 이제 N잡러는 새로운 트 렌드로 자리 잡았다.

실제로 일본의 인재 소개 회사인 퍼솔커리어의 조사에 따 르면, 최근 젊은 직장인 7명 중 1명 정도가 부업을 하고 있다 고 한다.

일을 잘하는 사람들은 회사에만 집중할까? 놀랍게도 그렇 지 않다. 그들 역시 N잡러 열풍에 뛰어들었다. 그렇다면 그 들은 어떤 부업을 하고 있을까? 최근 자주 듣는 부업은 다음 과 같다.

A 씨 유튜브에서 게임 방송을 합니다.

B 씨 블로그를 운영하면서 제휴 마케팅으로 광고 수익을 얻고 있어요.

C 씨 직접 만든 소품을 팔아요.

D 씨 자신의 방을 임대하는 서비스를 만들고 있습니다.

E 씨 크라우드소싱제품 생산과 서비스 과정에 대중을 참여시켜 아이디어를 얻고 활용하는 방법으로 소소하게 개발이나 디자인 일을 하고 있어요.

F 씨 소설을 써서 전자책을 출판해요.

G 씨 웹사이트에 직접 찍은 사진을 올려서 팔고 있어요.

이처럼 최근에는 혼자 수익을 내는 부업이 부쩍 인기를 끌고 있다. 사장이라는 '부캐부캐릭터'로 얻는 월평균 소득은 약 40만 원 정도, 연간으로 환산하면 500만 원이 조금 안 된다. 비록 큰 금액은 아니지만 생활에 여유가 생겨 만족하는 사람이 많다.

하지만 일을 잘하는 사람들은 돈 때문에 부업을 하지 않는다. 그들은 '돈 버는 연습'을 하기 위해 부업에 도전한다. 다시 말해, 직접 상품을 만들고 판매하여 돈을 벌고 재투자하는 과정을 경험하는 것이다.

누군가는 회사에서 일하는 것만으로도 충분하지 않냐고 반문할지도 모른다. 그러나 생각해보라. 회사는 분업화되어 있다. 즉, 정해진 일만 한다. 그러다 보니 직장인의 수익 창출 능력은 약할 수밖에 없다.

하지만 세상은 빠르게 변하는 중이고, 회사의 수명은 점점 짧아지고 있다. 일하는 기간보다 회사가 존속하는 기간이 훨씬 짧다. 따라서 한 회사에서 주어진 일만 계속하는 것은 위험하다.

일을 잘하는 사람들은 회사와 자신을 운명 공동체로 두지 않는다. 자신의 성장과 성과에 집중한다.

기술자는 그럴 필요 없지 않냐고? 천만의 말씀! '돈 버는 능력'은 기술자에게도 필요하다. 구글을 예로 들어보자. 구글이 원하는 인재상은 '스마트 크리에이티브'이다. 전 구글 회장인 에릭 슈밋Eric Schmidt은 이렇게 말했다.

> "그렇다면 '스마트 크리에이티브'는 정확하게 어떤 사람이란 말인가?
> 스마트 크리에이티브는 깊은 기술 지식과 풍부한 직접적 경험을 바탕으로 직업적인 도구를 사용하는 방법을 아는 이다. (중략)

의사나 디자이너, 과학자, 영화제작자, 엔지니어, 요리사, 수학자일 수도 있다. 이들은 자신이 하는 일의 전문가다. 단순히 개념적인 설계만 하는 것이 아니라 실제로 견본을 만들어낸다. (중략)

사업 감각도 스마트하다. 기술적 전문 지식에서 우수 제품과 기업의 성공으로 이어지는 과정을 꿰뚫고 있다. 그리고 이 세 가지 모두의 가치를 이해한다."

《구글은 어떻게 일하는가》, 에릭 슈밋 외 지음, 김영사(2014)

스마트 크리에이티브가 대단해 보이지만, 사실 '부업으로 돈 버는 사람'과 하는 일은 비슷하다. 무언가를 만들고, 알리고, 판매하는 매우 창의적인 활동을 한다.

나는 수많은 회사를 방문하며 '스스로 상품을 만들고, 알리고, 파는' 사람들을 만났다. 그중 일을 잘하는 사람들에게는 공통점이 있었다. 그들은 간절하게 '왜'를 고민했다.

'왜 내가 만든 상품은 팔리지 않지?'
'왜 내가 만든 서비스를 이용하지 않지?'

이런 문제들을 항상 고민해야 일을 잘할 수 있다. 휴일에

게임을 하거나 TV를 보거나 쇼핑하는 것도 물론 좋다. 일을 잘하려면 쉴 때 제대로 쉬어야 한다.

하지만 일할 때만큼은 절실하고 치열하게 고민하라. N잡러에 도전해 간절함을 경험해보는 것도 좋은 방법이다.

 TIP 일을 잘하는 사람들은 보이지 않는 곳에서 사장이 되어 간절하게 고민해본다. 그 과정을 통해 성과를 내려면 무엇이 필요한지 파악하는 능력을 기른다.

단 3일 만에 익힌 것은
3일 치의 가치밖에 없다

어느 회사에 뛰어난 개발자가 있었다. 그는 회사 안팎으로 존경받는 최고의 실력자였다. 사람들은 모두 그의 비결을 알고 싶어 했다.

어느 날, 젊은 기술자들이 그를 찾아갔다. 젊은 기술자들은 반짝이는 눈빛으로 말했다.

"저희도 선배님처럼 훌륭한 개발자가 되고 싶어요. 제발 그 비결을 가르쳐주세요."

부탁을 받은 그는 흔쾌히 스터디 모임을 만들겠다고 약속했다.

며칠 후에 열린 스터디 모임은 사람들로 북적였다. 모두 기대에 찬 눈빛이었다. 그는 준비한 자료를 참석자들에게 나눠주고 말했다.

"여기에 적힌 일을 할 수 있을 때까지 꾸준히 연습하세요."

그러자 자료를 훑어본 참석자들이 웅성거리기 시작했다. 그 자료에는 몇 가지 기본적인 처리, 함수 사용법, 설계 요령 등이 적혀 있었다. 개발자라면 누구나 익숙할 내용이었다. 실망한 참석자들이 모두 한마디씩 했다.

👤 A 씨   이건 이미 알고 있어요.
👤 B 씨   좀 더 유용한 방법을 알려주세요.
👤 C 씨   전에 배웠는데요.

사람들의 말을 들은 실력자는 말했다.

👤 실력자   그럼, 제가 더 알려줄 것은 없어요. 실력을 키우려면 많이 만들어보는 방법밖에 없으니까요. 다른 방법은 모릅니다.

👤 A 씨　하지만 바로 실력을 키우고 싶습니다.

👤 실력자　내가 단 3일 만에 익힌 기술은 누구나 3일 만에 배
　　　　울 수 있어요. 결국, 일을 잘하는 방법은 스스로 찾
　　　　아야 해요. 제가 찾은 방법은 이겁니다.

👤 A 씨　그래도…….

👤 B 씨　그건 그렇지만…….

👤 실력자　좋은 곡을 만들고 싶으면 다른 사람보다 곡을 많이
　　　　써야 해요. 효율적인 방법이 있을지도 모르지만, 그
　　　　렇다고 잘할 때까지 필요한 시간이 3년에서 1년으
　　　　로 줄어들지는 않아요.

👤 A 씨　…….

👤 B 씨　…….

👤 C 씨　…….

👤 실력자　오늘부터 매일 1시간씩 연습하면 1년 후에는 아무
　　　　것도 하지 않은 사람보다 365시간만큼 성장하지요.
　　　　10년이면 4천 시간에 가까워요. 그러면 다른 사람이
　　　　절대 따라잡을 수 없어요.

　나는 오랫동안 여러 기업을 다니며 강의했다. 노하우를
잘 정리한 덕분에 강의의 만족도는 보통 90퍼센트를 넘겼다.

　　　　일 잘하는 사람들이 보이지 않는 곳에서 반드시 하는 것

하지만 수강자들이 배운 내용을 실제로 활용하는가는 또 다른 문제다. 추적 조사를 해보니 '강의에서 배운 내용을 실행에 옮긴 사람'은 겨우 20퍼센트 정도였다. 하지만 그들은 '능력 향상'을 확실히 체감하고 있었다.

일을 잘하는 방법에 지름길은 없다. 요령을 피우지 않고 오로지 계속 반복하는 방법뿐이다.

 일을 잘하는 사람들은 보이지 않는 곳에서 지름길을 찾지 않는다. 일에 필요한 기술을 하루에 30분씩이라도 꾸준히 연습한다.

자신보다 뛰어난 사람의 수가
그 사람의 그릇을 보여준다

"어떤가, 자네가 감당할 수 없다고 생각하는 사람만 채용
해보면 말일세."

혼다의 창업자인 혼다 소이치로가 했던 말이다. 그는 '자
신이 감당할 수 없는 사람'을 인재로 봤다. "대체 왜요?"라고
묻고 싶을 것이다. 나 역시 처음에는 왜 감당할 수 없는 사람
을 뽑아야 하는지 이해할 수 없었다.

사실 그의 말은 채용의 본질을 꿰뚫고 있다. '감당할 수 없
다'는 말은 곧 나보다 뛰어난 부분이 있다는 뜻이기 때문이
다. 그러나 보통 회사는 '감당할 수 없는 사람'을 채용하지 않
는다. 다시 말해, 직원보다 뛰어난 사람을 뽑지 않는다.

일 잘하는 사람들이 보이지 않는 곳에서 반드시 하는 것

냉정하게 말하자면, 면접관의 그릇이 작으면 그 회사의 평균을 넘어서는 지원자도 뽑기 어렵다. 진주를 가려내겠다던 면접관이 도리어 지원자에게 밀리는 경우도 부지기수다.

능력 있는 지원자를 뽑으려면 면접관의 그릇이 커야 한다. 그렇다면 그릇이 큰 사람을 어떻게 판단해야 할까?

하루는 면접관 선정에 어려움을 겪는 어느 회사에 방문했다. 전통적으로 팀장과 임원이 면접관을 맡는 곳이었다. 그런데 내가 보기에 그들 중 유능한 사람은 잘해야 절반 정도였고, 나머지는 그저 연공서열에 따라 그 자리에 오른 사람들이었다.

그래서 나는 쓸데없는 참견이라고 생각하면서도 사장님에게 조심스레 말을 건넸다.

나 솔직히 말씀드리면 지금의 면접관으로는 좋은 인재를 뽑기 어려울 것 같습니다.

사장 음, 그건 알고 있네. 올해는 그들의 적성을 확인하고 나서 면접관을 정하려 하네.

나 적성이요? 어떻게 확인하실 건가요?

사장 궁금하면 함께 있어 주겠나? 마침 지금부터 면담할 참이었거든.

10분 후, 임원 한 명이 들어왔다.

👤 **사장** 오늘은 면접관에 대한 자네 생각을 듣고 싶어서 불렀네. 지금부터 하는 질문에 편하게 대답해주게. 정해진 답은 없으니.

👤 **임원** 알겠습니다.

나는 '어떤 질문을 할까?'라며 내심 기대했다. 그러나 사장님의 질문은 너무 뻔했다.

"어떤 사람을 뽑고 싶은가?"
"지원자의 어떤 면을 중요하게 보나?"
"지원자에게 어떤 질문을 할 건가?"

연이어 이어지는 질문 공세에도 임원은 당황하지 않았다. 마치 이미 예상했다는 듯, 무난하고 모범적인 대답을 했다. 두 사람의 대화는 몇 분간 더 이어졌다.

나는 '어떻게 이런 질문으로 적성을 알 수 있지……?'라는 생각에 의아했다. 면담은 20분간 더 진행됐고, 사장님이 마지막으로 물었다.

👤 사장 　그럼 마지막 질문이네. 누구를 면접관으로 뽑으면 좋을지 참고하고 싶으니, 자네보다 더 유능하다고 생각하는 직원을 추천해주게.

👤 임원 　저보다 유능한 사람……이요?

👤 사장 　그렇네.

임원은 당황한 듯 어색한 미소를 지으며 대답했다.

👤 임원 　음, 아부하려는 건 아니지만, 저보다 유능한 사람이라면 ○○ 씨요.

👤 사장 　○○ 씨말이군, 역시나. 뭐, 임원 중에서는 분명 특출날지도 모르겠군. 이유도 알려주지 않겠나? 간단히 말해도 괜찮네.

임원이 이유를 얼추 대답하자 사장님은 "음……, 고맙네"라고 말하고는 면담을 마쳤다.

그 뒤로도 면담은 똑같이 진행됐고, 어느덧 네 번째 차례가 되었다. 네 번째 면담자는 차기 임원 후보로 거론되는 팀장이었다. 이번에도 역시 앞선 면담들과 같은 질문들이 이어졌고, 마침내 마지막 질문을 던졌다.

👤 사장   그럼 마지막 질문이네. 누구를 면접관으로 뽑으면 좋을지 참고하고 싶으니, 자네보다 더 유능하다고 생각하는 직원을 추천해주게.

👤 팀장   음…… 먼저 A 씨요. A 씨는 통찰력과 영업력이 뛰어납니다. 그리고 B 씨는 영업력은 부족하지만, 사람들의 사기를 높이는 능력이 탁월합니다. 팀장인 C 씨는 현장을 맡기면 사장님보다 더 잘할 겁니다. 앗, 죄송합니다. 그리고 저희 부서의 D 씨는 신입이지만 저보다도 설계 실력이 좋습니다.

👤 사장   꽤 많군.

사장님은 빙그레 웃으며 팀장에게 말했다.

👤 팀장   당연합니다. 모두 저보다 나은 부분도 있고, 본받고 싶은 부분도 있습니다. 그래서 늘 함께 일하면서 배우려고 합니다.

👤 사장   알겠네. 고맙네.

팀장이 인사하고 나가자, 사장님은 나를 보며 만족스러운 듯 말했다.

사장   면접관은 저 사람으로 정해야겠군. 더 고민할 필요도 없겠어.

나   왜요?

사장   그는 그릇이 큰 사람이야. 어쩌면 나보다 더 나은 사람일지도 몰라. 나는 아직 쓸데없는 자존심이 있으니까.

나   하긴 면접관에게 쓸데없는 자존심은 필요 없지요.

사장   그렇지. 내가 왜 자신보다 유능한 사람을 추천해달라고 했는지 아나? 바로 그 수가 말하는 사람의 그릇 크기거든.

나   그렇군요······.

사장   올해는 저 친구에게 맡기면 훌륭한 인재를 뽑을 수 있겠어.

사장님의 예상대로 그 팀장은 훌륭한 인재를 많이 채용했다. 때로는 지원자에게 가르침을 구하고, 때로는 지원자를 설득하는 등 다방면으로 멋진 활약을 했다고 한다.

일을 잘하는 사람들은 다른 사람의 장점도 잘 파악한다. 그리고 배워야 할 부분이 있으면 배운다. 자신의 그릇을 키우는 셈이다. 그러면 자연스레 뛰어난 사람이 곁에 모인다.

세계의 부를 독점한 철강왕 앤드루 카네기^{Andrew Carnegie}의 묘비에는 이렇게 새겨져 있다고 한다.

"자신보다 뛰어난 자에게 도움을 구할 줄 아는 자, 여기에 잠들다."

일을 잘하는 사람들은 쓸데없이 자존심을 부리지 않는다. 그들은 열린 마음으로 다른 사람의 뛰어난 점을 배우고, 스스럼없이 도움을 청한다. 그렇기에 꾸준히 성장하고 발전하는 것이다. 주변에 자신보다 뛰어난 사람이 얼마나 있는가? 진지하게 고민해보기를 바란다.

TIP 일을 잘하는 사람들은 보이지 않는 곳에서 자신의 그릇을 키운다. 즉, 항상 주변 사람의 뛰어난 점을 찾고, 훌륭한 사람을 곁에 두며 배운다.

무턱대고 노력만 하지 마라

어떤 일이든 잘하려면 노력은 필수다. 설령 재능이 있더라도 마찬가지다. 다만, 어떻게 노력할지는 선택할 수 있다. 즉, 힘들게 노력할지, 편하게 노력할지는 자신의 선택에 달렸다.

내가 존경하는 어느 상사는 항상 "편하게 노력해"라고 말했다. 처음에는 '편한 노력이라니, 말도 안 돼'라고 생각했다. 그러나 곰곰이 생각하니 상사의 말이 일리 있었다.

힘든 노력은 오래가지 않는다. 아니, 힘든 노력은 '고통을 견디는 것'일 뿐, 사실 노력이 아니다. 따라서 꾸준히 노력하기 위한 편한 방법을 찾아야 한다.

예를 들어, 책을 읽고 보고서를 써야 한다고 해보자.

사실 노력하지 않는 사람

① 책을 읽기 시작한다.
② 10페이지 읽으니 지루해져서 책을 덮는다.
③ 하지만 읽고 보고서를 써야 하니 다시 책을 든다.
④ 덮고 싶은 마음을 누르고 10시간 동안 책을 끝까지 읽는다.
⑤ 보고서를 쓰고 완전히 지친다.

편하게 노력하는 사람

① 어떻게 하면 편하게 할 수 있는지 고민한다.
② 이 책을 읽은 사람에게 미리 줄거리를 듣는다. 만약 주변에 책을 읽은 사람이 없다면 인터넷에서 정보를 찾아본다.
③ 무엇이 재미있었는지 묻는다. 그리고 책에 관해 정리한 글이 있다면 참고한다.
④ 책을 읽는다. 미리 정보를 찾은 덕분에 책 읽기가 수월하다.
⑤ 다른 사람의 의견을 들은 덕에 자신의 의견도 자연스레 정리된다.
⑥ 애쓰지 않아도 풍성한 보고서를 쓸 수 있다.

편하게 노력하는 사람은 무턱대고 책을 읽지 않는다. 편한 방법, 즉 효율적인 방법은 없는지 먼저 고민한다. 그 덕에 같은 일을 더 쉽게 마무리할 수 있는 것이다. 단, 이때 다른 사람의 글을 베끼는 등의 부정적인 방법을 쓰면 안 된다.

이번에는 텔레마케팅 영업을 해야 한다고 해보자.

사실 노력하지 않는 사람

① 그다지 유쾌한 업무는 아니지만 성과를 내기 위해 억지로 한다.
② 매일 고통스럽게 영업을 했고 지난주에는 고객과 3건의 약속을 잡았다.
③ 이번 주에는 겨우 2건을 성사했다. 다음 주에도 계속해야 한다. 생각만 해도 힘들다.

편하게 노력하는 사람

① 일하는 과정을 점수로 매기는 '텔레마케팅 게임'을 고안했다. 가령 고객이 전화를 받으면 1점, 고객이 관심을 보이면 1점, 약속을 잡으면 3점을 매긴다.
② '30분 동안 몇 점을 올릴 수 있을까?' 기대하며 전화를 건다.
③ 점수를 보며 자신이 개선해야 할 부분을 파악한다.
④ 동료와 경쟁해본다.
⑤ 게임에 싫증이 날 즈음에는 이미 일에 익숙해져서 힘들다고 느끼지 못한다.

일을 잘하는 사람들은 무턱대고 노력하지 않는다. 먼저 편하게 노력할 수 있는 방법을 고민한다.

앞에서 말한 상사는 나에게 이렇게 조언했다.

"무작정 노력한다고 성과로 이어지지 않아. 오히려 에너지만 다 쓰게 될 뿐이야. 그러니 편하게 노력하는 방법을 찾아. 그래야 일도 잘하고, 퇴근 후에도 삶을 즐길 수 있어."

 일을 잘하는 사람들은 보이지 않는 곳에서 노력의 결을 바꾼다.

일 잘하는 사람들이 보이지 않는 곳에서 반드시 하는 것

일 잘하는 사람들이 모이지 않는 교에서 반드시 하는 것

5장

일 잘하는 사람은
혼자 빛나지 않는다

리더십

후배가 같은 실수를 한다면
자신을 돌아봐라

"같은 말 반복하게 하지 마!"

자주 실수하는 후배 직원에게 하는 단골 멘트다. 아무리 여러 번 주의를 줘도 같은 실수를 반복하는 후배 직원은 상사의 골칫거리다. 어쩌면 신입사원 때 다음과 같은 말을 들은 사람도 있을 것이다.

"오늘도 지각인가? 몇 번을 더 말해야 알아듣겠나?"
"또 보고서 제출을 잊어버렸어? 도대체 뭘 하는 거야."
"이번에도 고객에게 전화하는 걸 놓쳤어? 자꾸 같은 말 반복하게 하지 마."

사실 혼나는 사람만큼이나 혼내는 사람도 괴롭다. 몇 번을 말해도 같은 실수를 반복하니 얼마나 답답하겠는가.

그런데 오히려 상사에게 쓴소리하는 경영자도 있다. 벌써 10년도 더 된 일인데, 어느 제조 회사의 경영자와 나눈 대화를 들려주겠다.

👤 경영자   '같은 말 반복하게 하지 마'라고 말하는 사람은 사실 무능력한 겁니다. 후배 직원이 같은 실수를 반복하지 않도록 하는 것이 상사의 역할이니까요.

👤 나   실수한 사람은 후배 직원인데도요?

👤 경영자   우리 회사에는 실수에 관한 규칙이 있습니다.

👤 나   어떤 규칙인가요?

👤 경영자   먼저 첫 번째 실수는 누구의 잘못도 아닙니다. 업무에는 실수가 따르기 마련이고 완벽한 사람은 없으니까요. 그중에는 중대한 실수도 있지만, 실수를 두려워하면 대담하게 일할 수 없어요. 그러니 첫 번째 실수는 책임을 묻지 않습니다.

실수에 책임을 묻지 않는다니 대담한 사람이라는 생각이 들었다.

👤 경영자   그리고 같은 실수를 두 번째 했을 때는 본인의 책임
입니다. 이럴 때는 엄하게 꾸짖습니다. 같은 실수를
두 번 했다는 것은 곧 긴장하지 않았다는 뜻이니까요.

👤 나   그렇군요.

👤 경영자   그리고 같은 실수를 세 번째 했을 때는 상사의 책임
입니다.

'왜 상사의 책임인 거지?'라는 생각에 궁금해진 나는 재빨
리 물었다.

👤 나   본인이 아니라요?

👤 경영자   그렇습니다. 상사는 두 번째 실수를 보고도 재발 방
지책을 제대로 세우지 않은 거니까요. 후배의 실수
가 반복되면 구조적으로 어떻게든 해결해야 합니
다. 그렇지 않으면 조직이 성장할 수 없습니다. 당연
히 직원들도 그 자리에 머물겠지요.

👤 나   그렇군요.

👤 경영자   그러니 '같은 말을 반복하게 하지 마'라고 말할 상황
을 만들면 안 됩니다. '나는 무능한 상사다'라는 뜻
이니까요.

이 대화를 나누고 나서 나는 일을 잘하는 사람들을 유심히 지켜봤다. 경영자의 말대로, 일잘러에게 배운 후배들은 같은 실수를 하지 않았다. 일을 잘하는 사람들은 후배가 실수한 이유를 빠르게 파악해 해결책을 찾았다.

일을 잘하는 사람들은 혼자 빛나지 않는다. 만약 후배 직원이 있다면 그들의 실수에 대해 다시 돌아보는 시간을 갖자. 그 시간을 통해 함께 성장할 수 있을 것이다.

 일을 잘하는 사람들은 보이지 않는 곳에서 해결사가 된다. 후배 직원이 세 번째 실수를 하지 않도록 구조적인 방안을 찾는다.

일 잘하는 사람들이 보이지 않는 곳에서 반드시 하는 것

행동하는 사람을
이길 수 없다

머리 좋은 리더와 행동력 있는 리더.

누구와 함께 일하고 싶은가? 당연히 두 가지를 모두 겸비하면 가장 좋다. 하지만 실제로 두 장점을 모두 가진 사람은 많지 않다.

과연 사람들은 어떤 리더를 더 많이 따를까? 한 회사에서 이를 주제로 토론을 했다.

👤 참가자 A 머리 좋은 리더는 정확히 어떤 사람을 말합니까?

👤 진행자 계획을 꼼꼼하게 세우고 감이 아닌 수치를 중시하며, 실수를 거의 하지 않는 사람이라고 정의할 수 있습니다.

🧑 참가자 A   그럼 행동력 있는 리더는 어떤 사람입니까?

🧑 진행자   먼저 직접 해보고, 직관적으로 판단하는 사람을 말합니다. 실수는 종종 하지만 바로 수정하는 사람이라고 할 수 있습니다.

그리고 두 리더는 비슷한 수준의 성과를 낸다고 가정했다. 자, 당신은 누구와 함께 일하고 싶은가?

놀랍게도 '행동력 있는 리더'를 택한 사람이 압도적으로 많았다. 반대로 '머리 좋은 리더'는 혹평을 받았다. 참가자들은 머리 좋은 사람을 택하지 않은 이유를 이렇게 설명했다.

🧑 참가자 B   우리를 필요로 하지 않을 것 같아요.

🧑 참가자 C   본인만 편한 일을 할 것 같아요.

🧑 참가자 A   수치만 따지면 일하는 재미가 없지 않을까요?

흥미로웠던 사실은 일을 잘하는 사람일수록 행동력 있는 리더를 지지했다는 점이다.

토론하기 전에는 일을 잘하는 사람들이 머리 좋은 리더를 고르리라고 추측했다. 실수가 적으니 말이다. 그러나 그들은 이렇게 말했다.

참가자 A 리더가 실수했을 때에는 도와주면 되죠.

참가자 B 원래 도전에는 실수가 따르는 법이에요.

참가자 C 오히려 실수해본 사람에게 믿음이 갑니다.

반면, 일을 잘하지 못하는 사람들은 다음 이유로 행동력 있는 리더를 택하지 않았다.

참가자 D 쓸데없는 일을 시키는 게 싫어요.

참가자 E 나보다 뛰어나지 않은 사람을 리더로 인정할 수 없어요.

실제로 내가 만났던 일을 잘하는 리더들은 '일단 행동하는 편'에 가까웠다.

머리 좋은 리더는 전략을 잘 세우지만, 때로는 분석에 집중한 나머지 실행을 미룬다. 그러나 행동력 있는 리더는 실패를 두려워하지 않고 일단 도전한다. 그래서 때로는 실수하고 엉뚱한 방향으로 가더라도, 끝내 목표 지점에 도달하고 만다.

일을 잘하는 사람들은 이 점을 중요하게 생각한다. 실수하더라도 끝내 해내는 것! 그래서 일을 잘하는 사람들은 두

러워하지 않고 일단 행동한다.

우리 모두 언젠가는 리더가 된다. 누군가는 리더로서 모범을 보여야 한다거나 혹은 실수하면 안 된다는 압박감을 느낄지도 모른다.

하지만 걱정하지 마라. 사람들은 '실수하지 않는 리더'가 아니라, 솔선수범하고 실수했을 때에는 잘못을 인정하고 빠르게 수정하는 리더를 원한다.

 일을 잘하는 사람들은 보이지 않는 곳에서 일단 시작한다. 잘못될 경우, 수습 방법을 빠르게 찾으면 된다.

일 잘하는 사람들이 보이지 않는 곳에서 반드시 하는 것

긍정적인 에너지를 채워야
일도 잘된다

일을 잘하는 상사를 가려내라!

나에게 가장 중요한 업무 중 하나였다.

나는 수많은 기업의 프로젝트에 컨설턴트로 참여했다. 그러다 보니 프로젝트 적임자를 찾는 것은 항상 중요했다. 능력 없는 상사에게 프로젝트를 맡기면 일이 제대로 진행되지 않기 때문이다.

프로젝트의 성과는 직원들이 어떻게 일하느냐에 따라 달라진다. 일을 진행하는 방식과 업무 분담 등 아래 직원들을 움직일 권한은 상사에게 있다. 그래서 프로젝트가 시작되면 나는 일단 누가 일을 잘하는 상사인지 파악하는 데 많은 시간을 들였다.

이때 주의할 점이 있다. 사내 평판에 휘둘리면 안 된다. 때로 평판은 개인적인 관계에 따라 왜곡될 수 있기 때문이다.

또한 평판이 좋다고 해서 반드시 일을 잘하지는 않는다. 실제로 평판이 좋은 사람에게 일을 맡겼다가 일이 전혀 진행되지 않은 경우도 봤다. 그 반대의 경우도 마찬가지다.

그래서 나는 일을 잘하는 상사를 판단하는 6가지 기준을 세웠다. 수많은 직장인을 만나며 찾은 일잘러들의 공통점이기도 했다.

물론 언제나 옳은 기준은 없다. 하지만 많은 회사에서 검증한 만큼 믿을 만하다고 생각한다.

현재 후배 직원을 두었다면 자신과 비교하며 읽어보고, 아직 후배 직원이 없다면 자신의 상사를 떠올리면서 읽기 바란다. 이 기준은 훗날 유능한 상사로 성장하게 도와주는 길잡이 역할을 할 것이다.

1. 후배 직원의 자랑을 많이 한다

앞에서 일을 잘하는 사람들은 다른 사람의 장점을 잘 파악한다고 말했다. 그래서 일을 잘하는 상사는 후배 자랑을 많이 한다.

일을 잘하는 상사

일을 잘하는 상사는 "그 직원은 발표를 정말 잘해", "그 사람은 기획력이 뛰어나"라며 후배 직원의 자랑을 많이 한다. 더 나아가 후배 직원이 장점을 발휘해 성과를 낼 수 있는 일을 잘 맡긴다. 그 덕분에 팀의 성과도 좋아진다.

일을 못하는 상사

일을 못하는 상사는 후배 직원에 대한 불평을 늘어놓는다. 이를테면 "그 사람은 문서 작성을 못해", "그 직원은 분석이 서툴러"라는 이야기를 많이 한다. 결국 후배 직원이 능력을 발휘하게끔 이끌지 못한다.

2. 안 좋은 기분을 티내지 않는다

상사의 기분이 안 좋으면 후배 직원은 큰 영향을 받는다. 상상해보라. 기획안을 제출해야 하는 날, 출근했더니 상사의 기분이 나빠 보인다면 어떨까? 기획안이 제대로 평가받지 못한 채 반려될까 봐 걱정되지 않겠는가? 일을 잘하는 상사는 이 사실을 알고 있다. 그래서 자신의 나쁜 기분을 적당히 감추는 편이다.

일을 잘하는 상사

일을 잘하는 상사는 대체로 안 좋은 기분을 티내지 않는다. 속마음은 지쳐 있더라도 겉으로 드러내 일에 영향을 주는 법이 없다. 심지어 까탈스러운 고객을 만나도 '기분 좋게, 제대로' 대응한다.

일을 못하는 상사

일을 못하는 상사는 기분 나쁜 티를 낸다. 노골적으로 화를 내지는 않아도 기분이 언짢다는 것은 누구나 알 수 있다. 그래서 후배 직원들은 중요한 보고를 앞두면 상사의 눈치를 봐야 한다.

3. 회사의 장점을 말한다

부족한 점이 없는 회사란 존재하지 않는다. 그런데 같은 회사여도 누군가는 회사의 단점만 말하며 불만 가득한 채 다니고, 누군가는 회사의 장점에 집중하며 그 속에서 더 성장할 기회를 찾는다. 후배 직원들에게 회사 이야기를 할 때도 마찬가지다.

일을 잘하는 상사

일을 잘하는 상사는 회사의 매력을 분명하게 이야기할 수 있다. 물론 회사의 문제점도 알고 있다. 하지만 문제점을 말할 때는 반드시 '회사와 업무의 매력'도 같이 이야기한다. 그렇게 후배 직원들의 사기를 올려준다.

일을 못하는 상사

일을 못하는 상사는 회사의 문제점만 말한다. 그래서 함께 대화를 나눈 후배 직원은 일할 의욕을 잃고 만다.

4. 실수하면 사과한다

원숭이도 나무에서 떨어질 때가 있다. 일을 잘하는 사람들도 가끔 실수를 한다. 그런데 이들은 자신의 실수를 솔직하게 인정할 줄 안다.

일을 잘하는 상사

유능한 상사도 종종 놓치는 부분이 있다. 그때의 태도가 중요하다. 일을 잘하는 상사는 실수했을 때 먼저 잘못을 인정하고 사과한다. 그다음 신속하게 다음 일을 진행한다.

일을 못하는 상사

일을 못하는 상사는 사과할 줄 모른다. 자신이 잘못된 지시를 내렸을 때 그 지시를 정당화하기 위해 애쓴다. 간혹 '사과하면 체면이 깎인다'라고 생각하는 사람도 있다.

5. 생각이 다른 사람의 의견에 귀 기울인다

일의 능률을 높이는 비결 중 하나는 나와 생각이 다른 사람의 의견을 듣는 것이다. 그렇게 하면 내가 놓친 부분을 깨달을 수도 있고, 새로운 방법을 찾을 수도 있다. 그래서 일을 잘하는 사람들은 꼭 다른 의견을 듣는다.

일을 잘하는 상사

일을 잘하는 상사는 자신과 생각이 다른 사람의 의견에도 귀를 기울인다. 그렇기에 다양한 시각으로 문제에 접근할 수 있다.

일을 못하는 상사

일을 못하는 상사는 자기와 같은 의견만 듣는다. 심지어 때로는 자신과 생각이 다른 사람을 무시한다. 결국 후배 직원은 '좋은 결과를 위해서'가 아닌 '상사에게 맞추기 위해' 노력한다.

6. 꾸준히 공부한다

많은 사람이 일에 익숙해지면 더 이상 공부하지 않는다. 그래도 일상적인 업무를 처리하는 데에는 문제가 없다. 하지만 세상은 계속 변하고, 예상하지 못한 문제도 일어난다. 일을 잘하는 사람들은 그래서 꾸준히 공부한다.

일을 잘하는 상사

일을 잘하는 상사는 승진해도 계속 공부한다. 정보를 수집하고 책을 읽고 꾸준히 경험하며 노하우를 쌓는다. 때론 후배 직원에게서도 배운다.

일을 못하는 상사

일을 못하는 상사는 승진하면 더 이상 공부하지 않는다. '과거의 성공 경험'이 그들의 판단 기준이며, 그에 반하는 일은 용납하지 않는다.

물론 일을 잘하는 상사 중에 후배 직원을 전혀 칭찬하지 않는 사람도 있었다. 반면에 일은 못하지만 대인관계가 무척 좋은 상사도 있었다. 하지만 이들은 예외일 뿐이다.

일을 잘하는 사람들은 대부분 지금 살펴본 6가지 특징을 갖고 있다.

일을 잘하는 사람들은 보이지 않는 곳에서 긍정적인 에너지를 쌓는다. 그리고 그 에너지로 후배 직원을 단단하게 이끈다.

1. 후배 직원의 자랑을 많이 한다.
2. 안 좋은 기분을 티내지 않는다.
3. 회사의 장점을 말한다.
4. 실수하면 사과한다.
5. 생각이 다른 사람의 의견에 귀 기울인다.
6. 꾸준히 공부한다.

일 잘하는 사람들이 보이지 않는 곳에서 반드시 하는 것

지금 당장 성과를 못 내도
섣불리 판단하지 마라

많은 직장인이 사장이 되면 편할 것이라고 착각하곤 한다. 그러나 사장 역시 힘들다. 직원들의 다양성을 존중하면서 결속력을 다져야 하기 때문이다.

사실 생명체는 태초부터 다양성을 중요하게 여겼다. 한 번의 재앙으로 멸종되는 참사를 막기 위해서다. 기업 역시 획일화된 생각에 빠지면 성장할 수 없다.

하지만 조직은 다양성만큼 결속력도 중요하다. 다양성을 너무 존중한 나머지 결속력이 약해진 조직은 살아남기 힘들다. 의사결정이 늦어지고, 내부 분란이 생기면 많은 에너지를 쏟아야 한다는 문제도 있다.

기업의 결속력을 약화시키는 원인 가운데 하나는 과도한

경쟁이다.

어느 회사를 방문했을 때의 일이다.

사장님은 영업직 출신으로 활기차고 사람들과 매우 잘 어울릴 듯한 인물이었다. 하지만 내부 영업 담당자들의 생각은 달랐다. 한 영업 담당자는 이렇게 말했다.

"성과를 내지 못하면 홀대를 받아요. 사장님은 '성과를 낸 자만이 당당하게 말할 수 있다'라고 늘 말씀하세요."

의외의 이야기에 놀라 그에게 물었다.

👤 나   성과를 내지 못하는 사람은 어떻게 되나요?

👤 영업 담당자   잠자코 성과를 내는 사람의 말을 들어야 하죠.

때마침 사무실에서 실적 1위 직원이 표창을 받고 있었다. 벽에 붙은 개인별 영업 실적과, '실적 1위 직원의 한마디'도 눈에 띄었다. 마치 경쟁심을 부추기는 듯했다.

이 회사는 나날이 성장하는 중이었다. 3년 연속 역대 최고 실적을 경신했고, 직원도 100명대를 돌파하는 등 빠르게 커지는 중이었다.

8년 후, 나는 그 회사를 다시 방문했다. 꽤 오랜만에 찾았는데도 직원들은 나를 반갑게 맞아주었다.

그러나 최근 4년 동안의 실적은 좋지 않았다. 직원 수도 130명 정도로 크게 늘지 않은 상태였다. 리먼 브라더스 사태의 영향이었다. 직원들 말로는 그때부터 안 좋은 일들이 시작됐고, 잇따른 거래처의 가격 인하 요구와 거래 감소로 이익이 나지 않는다고 했다.

👤 나　그때 실적 1위였던 직원은 안 보이네요?

👤 직원　실적이 떨어지자 바로 그만뒀어요. 그 당시에 일하던 직원은 이제 30명 정도밖에 없어요.

👤 나　그렇군요. 어려운 고비를 넘기느라 다들 고생했겠어요.

👤 직원　맞아요. 리먼 사태 이후에 정말 힘들었어요. 직후에는 영향이 없었지만, 반년 정도 지나니 서서히 수익에 타격을 입어서 한때는 정말 걱정이 많았어요.

👤 나　어떻게 위기를 극복했어요?

👤 직원　서로 경쟁하기보다 머리를 맞대고 대책을 찾았어요. 다행히 8년 전에는 거의 팔리지 않던 신상품이 조금씩 팔리기 시작했어요. 지금은 상품 구성이 완

전히 바뀌었지요. 그때처럼 물건이 대량으로 팔리지는 않지만요. 단가가 높아서 판매한 상품의 사후 관리가 힘들어요.

🧑 나 　 사후 관리요?

🧑 직원 　 네, 지금은 물건을 납품한 후에 컨설팅을 해서 수익을 내고 있어요.

🧑 나 　 벽에 붙어 있던 실적표가 없어졌네요?

🧑 직원 　 네, 평가 기준도 많이 바뀌어서 경쟁하던 방식을 좋아하는 사람은 대부분 그만뒀어요.

결속력이 약한 조직은 위기 상황에서 쉽게 무너진다.

이 기업도 그랬다. 과도한 경쟁으로 직원들의 결속력이 약했다. 결국 경쟁에 몰두했던 직원들은 회사 상황이 어려워지고, 실적이 떨어지자 회사를 떠났다.

경쟁은 성과로 겨룬다. 하지만 성과에는 운도 따른다. 성과를 내는 직원은 '지금 다니는 회사의 사업이나 상품'이 그 사람의 능력과 맞을 뿐이다.

그러나 그 능력은 절대적이지 않다.

지금 아무리 좋은 성과를 내는 사람도 상품이 바뀌면 능력을 발휘하지 못할 수 있다. 마찬가지로, 지금 성과를 못 내는 사람도 사업이 바뀌면 능력을 발휘할 수 있다. 만약 후배 직원을 두고 있다면 이 점을 반드시 기억해야 한다.

물론 성과를 내지 못한 사람을 성과를 낸 사람과 동등하게 취급할 수는 없다. 그러면 성과를 중시하지 않는 분위기를 만들기 때문이다.

다만, 일을 잘하는 사람들은 성과를 내도 '지금 나는 운이 좋을 뿐이야'라고 생각한다. 무엇보다 성과를 내지 못하는 후배 직원을 '일 못하는 사람'이라고 섣불리 판단하지 않는다.

'다양성'과 '결속력'이 공존하는 팀을 만들고 싶다면 반드시 이 점을 기억해라.

TIP 일을 잘하는 사람들은 다른 사람을 섣불리 평가하지 않는다. 또한 자신의 성과에 자만하지 않고 운이 좋았을 뿐이라고 생각한다.

재촉한다고
좋은 성과가 나지 않는다

👤 상사　이 정도 일은 3일이면 할 수 있을 거야.

👤 후배　……네(아니요, 3일 안에는 절대 못 하는데요).

👤 상사　이 프로젝트는 한 달 안에 끝내.

👤 후배　……열심히 해보겠습니다(말씀하신 대로 하려면 최 소한 3개월은 걸린다니까요).

　너무 익숙한 상황이다. 특히 괄호 안에 적힌 후배의 속마음에 공감할 것이다.

　어느 회사나 일을 재촉하는 상사가 있다. 물론, 빨리빨리하라는 상사의 마음도 이해한다. 직장인에게 일정을 지키는 것은 매우 중요하기 때문이다. 가끔은 '혹시 후배 직원이 게

으름을 피우는 건 아닐까?'라는 걱정도 들 것이다.

하지만 상사가 재촉하면 일이 빨라지기는커녕 오히려 상사의 재촉에 어떻게 대응할까 고민하느라 쓸데없는 시간을 낭비하게 된다.

설령 강행군으로 일을 끝내더라도 마감일을 맞췄을 뿐, 정작 중요한 완성도는 떨어진다. 결국 결과물을 수정하는 데 더 많은 시간이 걸리면 일을 서두른 의미가 없다.

프로젝트 관리의 일인자인 톰 더마코Tom Demarco는 이렇게 지적했다.

> "압박을 가하는 것이 관리자의 역할이라고 생각하는 사람이 많다."

일을 잘하는 사람들은 후배 직원을 재촉하지 않는다. 후배 직원이 반드시 제때 일을 끝내리라고 믿는다. 그래서 좀처럼 후배 직원에게 "빨리해서 줘", "아직도 못 끝냈어?"라는 말을 꺼내지 않는다. 그런데도 재촉할 때보다 일이 훨씬 빨리 끝난다.

그렇다면 일을 잘하는 사람들은 어떻게 후배 직원을 움직일까?

일을 잘하는 사람들은 후배 직원에게 딱 3가지만 말한다.

- ○월 ○일까지 일을 끝냈으면 하는데, 혹시 어려운 부분이 있어? 아니면 내가 도와줄 일은?
- ○○은 꼭 먼저 해야 하고, □□은 노력해줬으면 하는 목표야.

먼저 '도움이 필요한 일'을 묻는다. 그리고 '일의 우선순위'와 '목표'를 전한다.

재촉하고선 '내가 할 일은 다했다'라고 착각하면 안 된다. **사실 재촉은 아무 일도 하지 않은 것과 같다.** 상사의 일은 '도움'과 '목표 설정'이다.

설령 후배 직원이 게으름을 피워도 3가지만 말하면 마감일 안에 일을 끝맺을 수 있다.

그러니 더 이상 재촉하지 마라. 도울 수 있는 일을 묻고, 우선순위를 알려줘라. 그리고 목표를 정확히 말하면 일은 빨리 끝난다.

일을 잘하는 사람들은 보이지 않는 곳에서 후배에 대한 믿음을 갖는다. 그리고 후배 직원이 <u>스스로 움직이도록</u> 3가지만 말한다.

1. 도움이 필요한 일을 묻는다.
2. 일의 우선순위를 알려준다.
3. 목표를 알려준다.

하나부터 열까지
알려주지 마라

나에게는 잊지 못할 상사가 있다. 그는 후배를 훌륭하게 성장시키는 사람이었다. 심지어 일이 미숙한 사람도 그에게 일을 배우고 나면 일을 잘하게 됐다.

도대체 어떻게 일을 잘하는 사람으로 성장시키는 걸까?

나는 그 비밀을 상사와의 대화에서 찾았다. 그 상사에게 질문하면 항상 이런 대화가 오갔다.

나 죄송한데 지금 시간 좀 내주실 수 있나요?

상사 그래. 무슨 일이야?

나 오늘 고객사를 방문해 사장님, 부장님과 면담하고 현재 상황에 대해 의견을 들었습니다.

일 잘하는 사람들이 보이지 않는 곳에서 반드시 하는 것

👤 상사　응.

🧑 나　그런데 사장님과 부장님의 의견이 엇갈립니다. 이런 경우에 누구의 말을 믿어야 할까요?

👤 상사　그렇군, 재밌네.

🧑 나　둘 다 일리가 있긴 한데…… 저는 도통 모르겠어요.

👤 상사　면담한 내용을 한 번 보여줄래?

　　상사는 자료를 보면서 3분 정도 생각에 잠겼다. 어떻게 하면 나를 쉽게 이해시킬 수 있을지 고심하는 듯했다.

👤 상사　그래서 아다치 씨는 어떻게 생각하나?

🧑 나　음, 양쪽 말 모두 맞는 것 같아요. 다만 부장님은 모호한 말씀만 하셔서…….

👤 상사　결론부터 말해보게.

🧑 나　죄송합니다. 사장님 말씀을 믿어야 할 것 같아요.

👤 상사　어째서?

🧑 나　부장님이 모호하게 말씀하신 게 마음에 걸려요.

👤 상사　그렇군, 잠시 기다려주게.

🧑 나　뭘 적으세요?

👤 상사　정리를 해보자고. 잠시만 기다리게.

그는 사람들에게 설명할 때 항상 도표를 그렸다. 상대방의 머릿속을 정리해주는 그만의 방법이었다. 그는 결코 답을 알려주지 않았다. 오로지 상대의 머릿속을 정리해주는 역할에 충실했다.

2분 후 상사는 도표를 들고 말했다.

👤 상사　　그림으로 표현하면 이렇지? 사장님은 이렇게 말하고, 부장님은 이렇게 말하고. 이걸 봐. 이상한 부분 없어?

👤 나　　네?

👤 상사　　아다치 씨라면 5분 안에 알 수 있을 거야.

👤 나　　잠시만요…….

👤 상사　　좋아. 얼마든지 생각하게.

👤 나　　알아차릴 만한 것……. 고객사 부장님 말씀이 이전과 모순된다는 건가요?

👤 상사　　맞는 말이야. 하지만 모순은 흔한 일이지. 그보다 더 중요한 걸세.

👤 나　　…….

👤 상사　　아다치 씨는 분명히 답을 찾을 수 있을 거야.

👤 나　　음…….

내가 난감해하자 상사는 조금씩 힌트를 주었다. 이때 핵심은 힌트를 조금씩, 적절히 주었다는 것이다. **절대 하나부터 열까지 다 알려주지 않았다.** 어디를 봐야 하는지 해결의 실마리를 조금씩 알려줄 뿐이었다.

👤 상사 부장님은 왜 이렇게 말한다고 생각하나? 그 자리에 누가 있었어?

👤 나 아, 혹시 후배 직원들 앞이라서 사실대로 말하지 못한 걸까요?

👤 상사 후배 직원들이 있었군. 그래서? 뭔가 더 떠오르는 것은 없나?

👤 나 그렇다면…… A 사의 사례와 똑같네요.

👤 상사 맞아. 바로 그거야.

👤 나 그렇군요! 사장님이 하신 말씀을 믿으면 되겠어요. 감사합니다!

👤 상사 그래도 ○○만은 주의하게.

👤 나 네? 왜요?

👤 상사 이유가 뭐라고 생각하나? (이후에도 이런 대화를 반복한다.)

이 이야기를 하면 "코칭 아니야?"라고 말하는 사람도 있다. 참고로, 코칭은 목표 달성을 위해 주체적으로 행동하게끔 유도하는 방법을 말한다. 하지만 코칭은 아닌 것 같다.

상사는 대화를 마치 퀴즈처럼 즐겼다. 그 과정에서 복잡한 문제를 상대방이 이해할 수 있게 정리했다.

사실 이 방법을 쓰려면 매우 인내심이 필요하다. 답을 바로 알려주면 상사도 빨리 자기 일로 돌아갈 수 있다. 그러나 그는 그렇게 하지 않았다.

간혹 바쁘거나 경험이 부족해서 빨리 답을 알고 싶어 하는 사람도 있을 것이다. 그럴 때는 문제의 난이도에 따라서 바로 답을 알려줘도 상관없다.

하지만 후배 직원의 역량으로 답을 알아낼 수 있다면 그저 격려하고 기다려주면 된다. 주의할 점만 전달하고 "이제 편하게 생각해봐"라고 시간을 줘라.

조지워싱턴대학의 인적자원개발학 교수인 마이클 J. 마쿼트_{Michael J. Marquardt}는 이렇게 말했다.

> "'자네는 어떻게 생각하나?'라고 상사가 물을 때 후배 직원은 어떤 기분일까? 아마 후배 직원은 신뢰와 인정을 받고 있다고 느낄 것이다. 그리고 상사에게 인정받고 있음을 느낀 후배 직원은 자신감을 갖게 되고, 그 자신감은 더 높은 성취욕과 의욕으로 이어져 결과적으로 후배 직원은 성장하게 된다."
>
> 《질문 리더십》, 마이클 J. 마쿼트, 흐름출판(2006)

일을 잘하는 사람들은 후배에게 '지식'만 주지 않는다. '스스로 문제를 해결했다는 자신감'까지 준다.

일을 잘하는 사람들은 보이지 않는 곳에서 힌트를 찾는다. 그리고 그 힌트를 후배 직원에게 주며 혼자 문제를 해결했다는 자신감을 기르게 돕는다.

진심을 다해
일하게 만들고 싶다면

얼마 전 신입사원 채용 면접에 참여했다. 늘 그렇듯 마지막은 질문 시간이었다.

이 회사에는 이른바 '금기 질문'은 존재하지 않았다. 퇴직률부터 야근 빈도, 유급 휴가 사용률까지 모두 회사 설명회에서 공개하기에 면접자들도 주저하지 않고 질문을 던졌다.

그곳의 한 임원은 이렇게 말했다.

"면접자들에게 질문받을 때가 일 년 중에 가장 공부를 많이 하는 순간이에요. 앞으로 우리 회사의 사원이 될 수도 있고, 우리 회사의 고객이나 거래처가 될 수도 있으니까요."

일 잘하는 사람들이 보이지 않는 곳에서 반드시 하는 것

열린 마음을 가진 임원 덕분에 그날은 색다른 질문을 받았다.

👤 면접자　면접관 님께서는 일하면서 언제 가장 기뻤나요?

👤 임원　가장 기뻤던 일이라……. 실례지만 대답하기 전에 한
　　　　　가지 여쭤봐도 괜찮을까요?

👤 면접자　아, 네.

면접자는 당황한 눈치였다.

👤 임원　왜 그것이 궁금한가요?

👤 면접자　솔직히 저는 아직 일을 안 해봐서 '일의 즐거움'을
　　　　　모르거든요.

대답을 한 면접자는 잠시 생각에 잠겼다가 다시 입을 열었다.

👤 면접자　그래서 더욱더 듣고 싶습니다. 종종 '일로 스트레스
　　　　　받는 직장인이 많다'는 뉴스를 접합니다. 하지만, 저
　　　　　는 '일이 좋아서 하는 사람'도 많을 거라고 생각합니
　　　　　다. 그래서 일할 때 언제 행복한지 궁금합니다.

👤 임원　아마 많은 사람이 목표를 달성했거나 고객에게 칭

찬받았을 때라고 답할 것 같네요. 하지만 딱히 와닿지 않을 겁니다. 저도 취업 준비할 때 비슷한 질문을 했었는데, 답변을 듣고 '너무 모범적인 대답이군'이라는 생각만 들 뿐 공감하기 어려웠어요.

👤 면접자 ·······.

👤 임원 그래서 솔직하게 말씀드릴게요. 결론부터 말하자면 '스스로 돈을 벌 수 있게 된 것'이 가장 기뻤습니다. 정말 사소하다고 생각할지도 모르지만요.

면접자는 무슨 뜻인지 잘 모르겠다는 눈치였다.

👤 임원 이상한가요? 저는 스스로 돈을 벌 수 있다는 사실이 가장 기뻤습니다. 부모님이나 다른 누구에게도 기대지 않고 살 수 있으니까요. 처음으로 '진정한 자유'를 손에 넣은 기분이었어요.

👤 면접자 자유요?

👤 임원 네. 부지런한 것도, 게으른 것도, 돈을 버는 것도, 벌지 않는 것도 자유입니다. 회사를 그만두는 것도 독립하는 것도 열심히 하는 것도 불평불만을 하는 것도 자기 의지에 달렸지요. 정말 멋진 일이라는 생각

일 잘하는 사람들이 보이지 않는 곳에서 반드시 하는 것

이 들었습니다.

👤 면접자 ·······.

👤 임원 　일은 고객이나 회사를 위해서도 하지만 무엇보다
자신의 자유를 위해서 해야 합니다. 그 자유가 느껴
질 때 가장 행복하고요. 저는 그렇게 생각해요.

임원은 밝은 표정으로 이야기를 마쳤다.

일을 잘하는 사람들은 일에 대한 철학이 확고하다. 자유
는 행복으로 가는 첫발이다. 일을 잘하는 사람들은 이 사실
을 알기에 일할 때 진심을 다할 수 있는 것이다.

TIP 　**일을 잘하는 사람들은 보이지 않는 곳에서 '일에 대한 철학'
을 되새기며 마음을 다잡는다.**

일잘러가 보이지 않는
곳에서 했던 것들

누구나 일을 잘할 수 있습니다. 스스로 확실한 방향을 잡는다면 말입니다.

지금까지 만난 '일을 잘하는 사람들'은 모두 스스로 '방향'을 잡았습니다. 그 누구도 흘러가는 대로 일하지 않고, 일에 끌려다니지도 않았습니다.

스스로 어느 분야에서 최고가 될지 결정하고, 동시에 해내야 하는 일들을 어떻게 처리할지 방향을 잡았습니다. 회의할 때면 가장 먼저 의견을 내고, 때로는 사장이 되어 보기도 했습니다.

우리는 왜 일을 잘해야 할까요? 일이 가지는 의미는 무엇일까요?

"인생에서 일이 전부는 아니지만, 일을 잘해야 더 행복해진다."

일을 잘하는 선배가 입버릇처럼 하던 말입니다. 저는 시간이 지나서야 이 말에 깊이 공감할 수 있었습니다.

일은 생계를 위해 꼭 필요한 수단이기도 하지만, 삶을 더 행복하게 바꿀 확실한 방법이기도 합니다.

생각해보세요. 일이 잘 풀리지 않으면 어떤가요? 회사에서는 주눅 들고, 퇴근 후에도 답답하고 우울합니다. 때론 머릿속이 온통 일 생각으로 가득 차 쉬어도 쉬는 것 같지 않습니다.

하지만 일을 잘하면 퇴근 후의 시간을 고스란히 누릴 수 있습니다. 주말이면 가벼운 마음으로 취미 생활도 할 수 있지요. 회사에서도 인정받으며 당당하게 지낼 수 있습니다.

결국 일을 잘하는 것이야말로 더 행복하게 살 수 있는 가장 확실한 방법인 셈입니다.

이 책은 '일을 잘하는 사람들이 어떻게 방향을 잡는지' 그 방법을 담은 책입니다. 특히, 보이지 않는 곳에서 무엇을 하는지에 집중했습니다. 그들은 보이지 않는 곳에서 원칙을 세우고, 미리 준비했습니다. 새로운 도전도 하고, 일의 의미도 스스로 찾았습니다.

자신에게 딱 맞는 방법도, 아닌 방법도 있을 것입니다. 당연합니다. 각자가 가려는 방향에 맞는 이정표는 스스로 찾아야 하니까요.

책을 다 읽은 지금, 나만의 이정표를 세울 때입니다. 보이지 않는 곳에서 어떤 준비를 하면 가장 빠른 길을 찾을 수 있을까요?

지금 바로 하나씩 적어보세요. 틀려도 괜찮습니다. 아니, 사실 정답은 따로 없습니다. 그저 더 나은 답을 찾기 위한 과정일 뿐입니다. 하나씩 나만의 준비를 하다 보면 어느새 일을 잘하는 사람이 되어 있을 것입니다. 구태여 증명하려고 하지 않더라도요.

저와 함께 작업한 편집자가 "시대가 변해도 흔들리지 않는 진리를 담은 책을 만들고 싶다"라고 저에게 이야기했습니다. 저 역시 같은 마음입니다.

그리고 이 책이 그 바람을 이뤄주리라 믿습니다. 시대에 구애받지 않고 일을 잘할 수 있는 본질적인 방법을 다루고 있으니까요.

부디 많은 분이 이 책을 항상 옆에 두고 읽어 주시면 좋겠습니다.

옮긴이 김양희

일본 도쿄대학 대학원에서 학위를 받았다. 현재 출판번역 에이전시 글로하나에서 일본어 번역가로 활동하고 있다. 역서로는 《끌어당김의 법칙》《효과 빠른 번아웃 처방전》《오십부터는 왜 논어와 손자병법을 함께 알아야 하는가》《기적을 담는 카메라》 등이 있다.

일 잘하는 사람들이 보이지 않는 곳에서 반드시 하는 것

1판 1쇄 인쇄 2024년 12월 18일
1판 1쇄 발행 2025년 1월 2일

지은이 아다치 유야
발행인 김태웅
기획편집 이미순, 박지혜, 이슬기
디자인 유어텍스트
마케팅 총괄 김철영   **마케팅** 서재욱, 오승수
온라인 마케팅 하유진   **인터넷 관리** 김상규
제작 현대순   **총무** 윤선미, 안서현, 지이슬
관리 김훈희, 이국희, 김승훈, 최국호

발행처 (주)동양북스
등록 제2014-000055호
주소 서울시 마포구 동교로22길 14 (04030)
구입 문의 (02)337-1737 **팩스** (02)334-6624
내용 문의 (02)337-1763 **이메일** dymg98@naver.com

ISBN 979-11-7210-897-7 03320